KurzCHECK
Kognitive Entwicklung von Kindern

Anja Mock-Eibeck

Handwerk und Technik – Hamburg

Vorwort

Dieser KurzCHECK veranschaulicht wesentliche Entwicklungsschritte und zeigt vielfältige Aspekte der kognitiven Entwicklung.
Es wird ein Entwicklungsverlauf dargestellt, der den dinglichen/sachlichen und den sozial-kognitiven Kompetenzerwerb beschreibt – übersichtlich nach Altersstufen (von 0 bis 7 Jahren).
Lernen, Denken, Erinnern = **Kognition** entwickelt sich – wie alle anderen Entwicklungsprozesse auch – fortlaufend. Die kognitive Entwicklung ist in viel größerem Maß abhängig vom **Individuum in seiner Umwelt** als beispielsweise die motorische Entwicklung. Denn so einzigartig, wie jeder Mensch ist, so einzigartig ist auch sein Wissen.
Daher bitte ich die beschriebenen Entwicklungsschritte in den jeweiligen Altersstufen nicht als verbindliche Norm anzusehen. Sie können beim einzelnen Kind in seinem individuellen Umfeld auch zu einem früheren oder späteren Zeitpunkt sichtbar werden, ohne dass dies gleich ein problematischer Entwicklungsverlauf sein muss.
Das Werk ist eine praxistaugliche Hilfe für Fachkräfte, um Rückschlüsse auf die Entwicklung eines Kindes zu ziehen. Es ist auch für die Prüfungsvorbereitung geeignet, denn es bietet einen Überblick über die wichtigsten Modelle und Theorien.
Interessierte Eltern finden v. a. im 2. Teil wichtige Informationen zur Entwicklung ihres Kindes.

Die Autorin

Symbole

Die dingliche Welt erkunden und manipulieren / Die Welt erfassen: die kognitive Entwicklung bezüglich der materiellen, dinglichen Welt

Soziale Kognition: die kognitive Entwicklung bezüglich des Umgangs mit Menschen und Tieren

Theorien und Modelle / Theoriebezug: Theorien wurden entwickelt, um die kognitive Entwicklung zu erklären (Grundlagenwissen)

Inhalt

Grundsätzliches zur kognitiven Entwicklung

„Lernen ist das große Vergnügen, Neues zu entdecken!“

Für kleine Kinder ist Lernen zumeist wirklich ein Vergnügen, sie gehen neugierig auf die Welt zu und lernen in jeder Sekunde praktisch nebenbei. Doch welcher Schüler würde diesen Satz noch bestätigen wollen?
Bei der Beobachtung eines kleinen Kindes können wir eine (oft ansteckende) Begeisterung und Ausdauer wahrnehmen, mit der es sich neues Wissen aneignet. Dabei zeigt sich, dass das Kind sozusagen rundum interessiert ist – vgl. Schaubild „Wie lernen Kinder?“.
Um kognitive Entwicklung optimal zu unterstützen, ist es wichtig, aufmerksam zu sein für das, was das Kind interessiert, und es dabei zu begleiten. Hier erscheint folgendes Zitat erhellend:

„(Lernen und) Lehren heißt, ein Feuer zu entfachen und nicht, ein Fass zu füllen!“

Der Fokus des Kindes lässt erste Flämmchen entstehen; diese gilt es, durch unsere vorsichtige (!) Begleitung zu einem Wissensfeuer *anzufachen* und nicht durch „zu große Holzscheite“ zu *ersticken*. Kinder sind neugierig auf die Welt, sie wollen eigenaktiv, aus sich heraus lernen, sie sind wissbegierig.

Voraussetzung für kognitive Entwicklung ist eine **sichere Bindung** (vgl. Seite 18) zu vertrauten Bezugspersonen, die die kindliche Exploration und Erfahrungsbildung **aktiv begleiten**, indem sie darauf eingehen, sie spiegeln und auch in Worte fassen. Dabei erweisen sich **Sustained Shared Thinking** und **metakognitive Dialoge** (vgl. Seite 23) als ideale Form der Begleitung kognitiver Bildung.
„Aus der frühpädagogischen Fachdiskussion ist hinlänglich bekannt, dass Selbstbildung nicht als Von-Selbst-Bildung misszuverstehen ist. (…) Selbstbildung ist die eigenaktive Weltaneignung des Kinder *in* sozialen Bezügen.“ (Drieschner 2011, S. 16)

Wie lernen Kinder? (nach A. Gopnik)

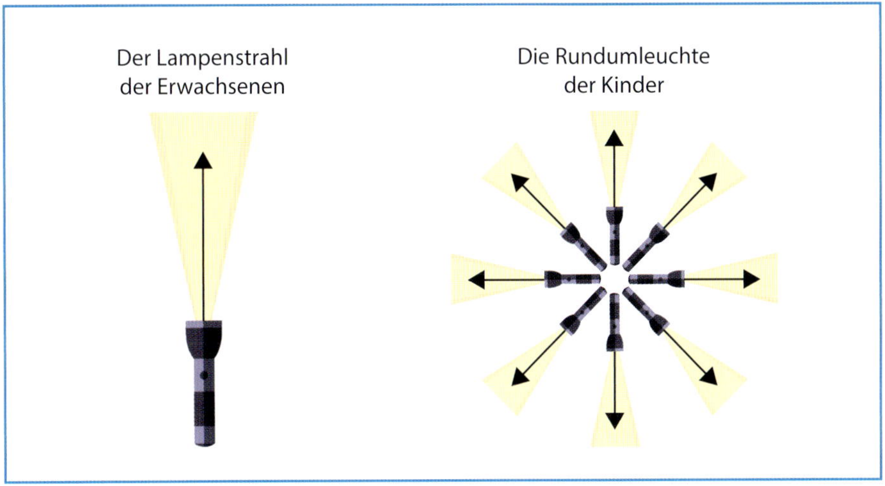

(in Anlehnung an: Hildebrandt 2014)

Mindmap zur kognitiven Entwicklung

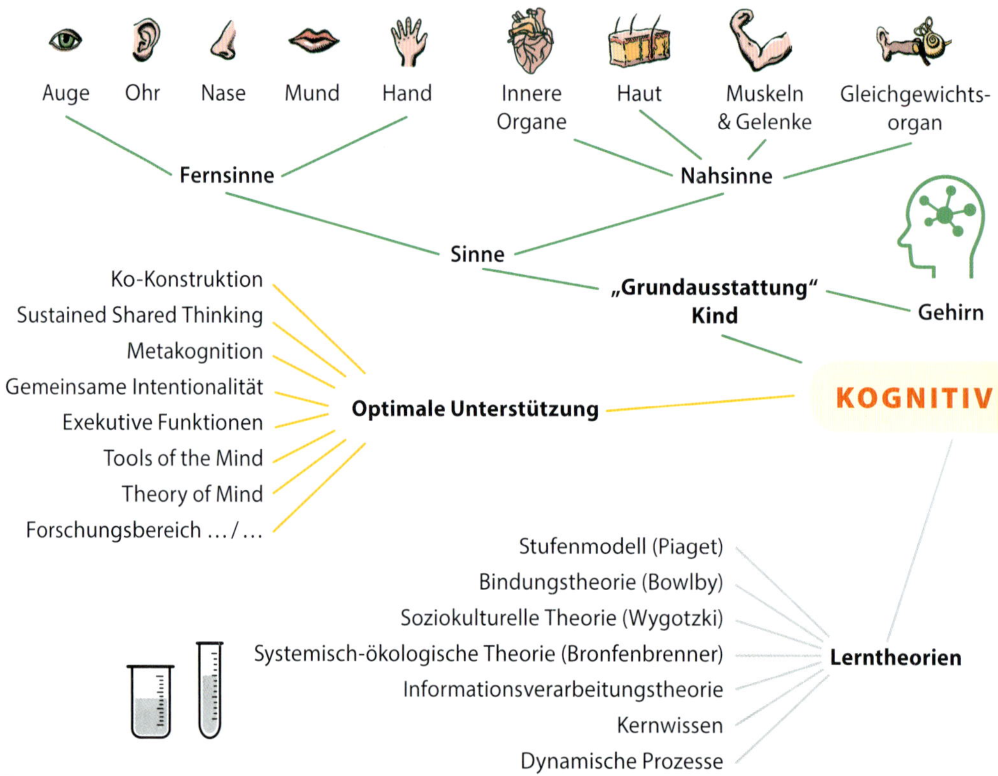

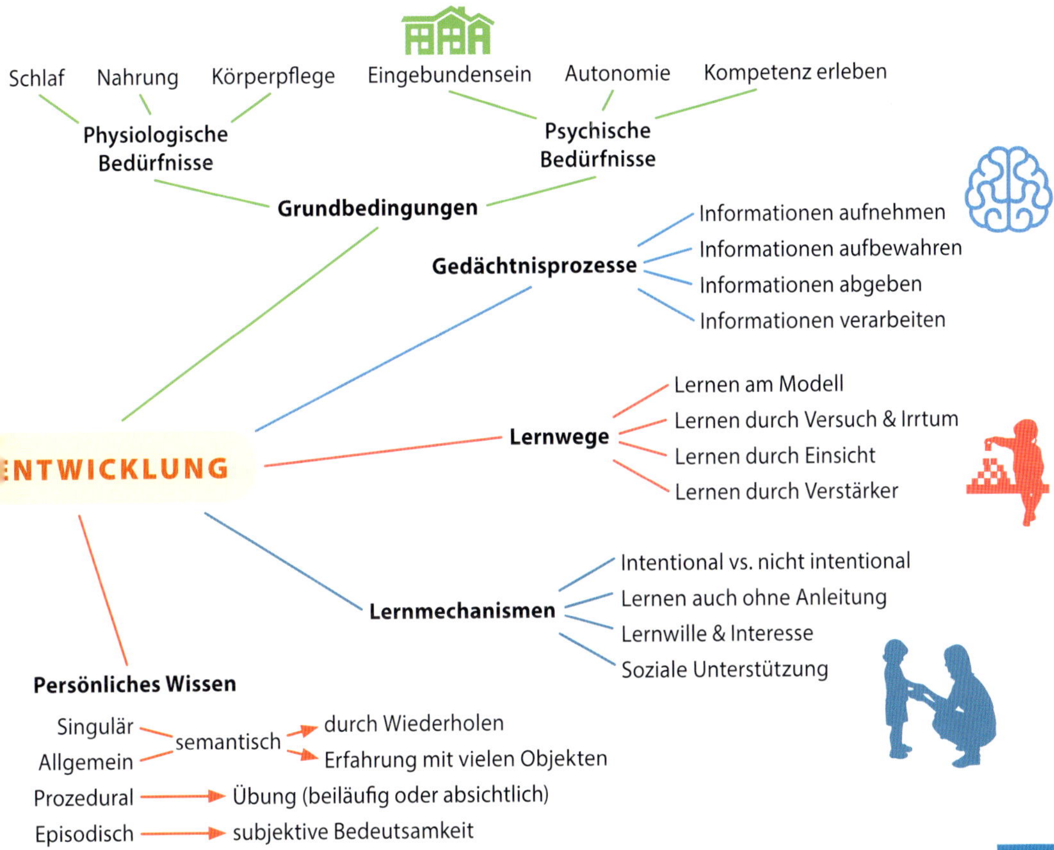
ENTWICKLUNG
Grundbedingungen
Physiologische Bedürfnisse
Schlaf
Nahrung
Körperpflege
Psychische Bedürfnisse
Eingebundensein
Autonomie
Kompetenz erleben
Gedächtnisprozesse
Informationen aufnehmen
Informationen aufbewahren
Informationen abgeben
Informationen verarbeiten
Lernwege
Lernen am Modell
Lernen durch Versuch & Irrtum
Lernen durch Einsicht
Lernen durch Verstärker
Lernmechanismen
Intentional vs. nicht intentional
Lernen auch ohne Anleitung
Lernwille & Interesse
Soziale Unterstützung
Persönliches Wissen
Singulär
Allgemein
semantisch
durch Wiederholen
Erfahrung mit vielen Objekten
Prozedural
Übung (beiläufig oder absichtlich)
Episodisch
subjektive Bedeutsamkeit

Prämissen

Kognitive Entwicklung

Der Begriff kognitive Entwicklung umschreibt umgangssprachlich die Gehirnentwicklung und bezieht sich auf das Denken, das zunehmende Wissen, die Handlungskompetenz und Problemlösekompetenz.

Bei kognitiven Prozessen geht es um **Gedächtnisprozesse**, nämlich

- **Informationen aufnehmen** (wahrnehmen, beobachten u.a.),
- **Informationen aufbewahren** (ordnen, zusammenfügen, konsolidieren u.a.) und
- **Informationen abgeben** (handeln, kommunizieren u.a.) sowie
- **Informationsverarbeitung** (denken, planen, mentales Problemlösen).

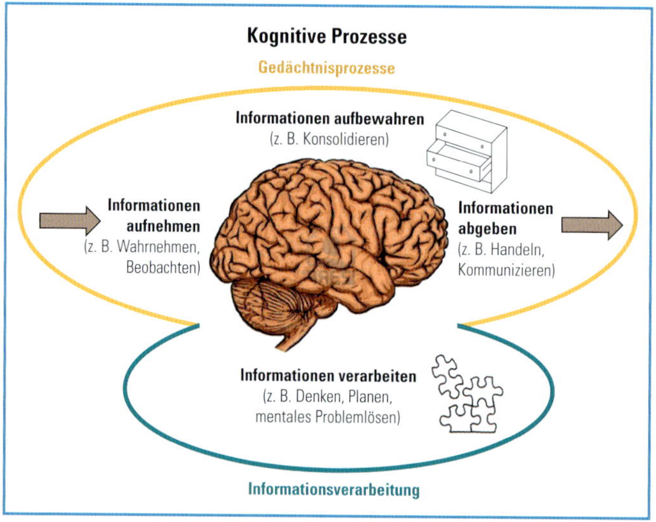

Überblick über die verschiedenen kognitiven Prozesse (Hille 2016)

Grundausstattung

Für die kognitive Entwicklung bringt das Kind eine **Grundausstattung** mit, es **verfügt über die Sinne** und hat schon vorgeburtlich Sinneswahrnehmungen gespeichert. Es kann zwischen ‚fremd' und ‚vertraut' unterscheiden und **speichert seine Erfahrungen im Gehirn**. Dies entwickelt sich im 1. Lebensjahr rasant.

Grundbedingungen

Das Kind ist auf Bezugsperson(en) angewiesen, die sich gleichbleibend und zuverlässig um das Kind kümmern. Die seine **physiologischen Bedürfnisse** nach Schlaf, Nahrung und Körperpflege erfüllen und auch die **psychischen Bedürfnisse** befriedigen nach Eingebundensein (Nähe, Schutz und Sicherheit), Autonomie und Kompetenz erleben, sowie als aufmerksamer Lernpartner zur Verfügung stehen (mehr dazu Seite 30).

Lernmechanismen

Lernen geschieht auf verschiedenen **Lernwegen**, wir lernen z.B. am Modell, durch Versuch und Irrtum, durch Einsicht, durch Verstärker.

Dabei lernen Kinder in den ersten Lebensjahren vor allem **beiläufig (= nicht intentional)**, d.h., sie lernen ständig und nebenbei für sie Interessantes.
Ab dem Schulalter wird das **intentionale (= planmäßige, beabsichtigte) Lernen** immer mehr gefordert, hierbei ist der Wissenserwerb vorgegeben/geplant.
Beim intentionalen Lernen ist es ideal, wenn Lerngegenstände so präsentiert werden, dass sie *neugierig machen* und den im Kind vorhandenen *Lernwillen ansprechen* (es motivieren), sodass es sich mit Interesse damit auseinandersetzt.

DENN: Als Motor zum Lernen …

- bringen Kinder sich selbst gerne in den Bereich der Herausforderungen,
- lernen Kinder auch ohne Anleitung, indem sie nachahmen, ausprobieren (Versuch und Irrtum) und Handlungsmuster (Skripte) erkennen. Daneben
- provozieren Kinder soziale Unterstützung, indem sie Signale senden und schon früh soziale Hinweisreize verstehen und zunehmend auch anwenden.

Wissen

Das persönliche Wissen entwickelt sich im Kontakt mit Bezugspersonen (!) und der Anpassung an die individuelle, konkrete Umgebung: Sinneseindrücke, Erfahrungen und Erlebnisse rücken in einen gemeinsamen „Fokus" und die „jeweilige individuelle Bedeutung" wird ausgetauscht und im Gedächtnis gespeichert. Wissen wird an

- verschiedenen Orten im Gehirn gespeichert,
- es wird verschieden eingesetzt und
- auf verschiedenen Wegen gelernt.

Wissen gliedert sich in:

	W	
singulär semantisches	**I**	→ gelernt durch häufige Wiederholung
allgemein semantisches	**S**	→ gelernt durch Erfahrungen mit vielen Objekten einer Gruppe
prozedurales	**S**	→ gelernt durch Üben (beiläufig oder absichtlich)
episodisches	**E**	→ gelernt durch subjektive Bedeutsamkeit
	N	

Ablauf kognitiver Entwicklung

Die kognitive Entwicklung beginnt nachweislich schon vorgeburtlich. Über die Sinne nehmen Ungeborene schon intrauterin (= im Mutterleib) erste Informationen wahr und speichern diese ab. Der Geschmack des Fruchtwassers beispielsweise oder Musik, die sie oft gehört haben, und Stimmen, vor allem die der Mutter. Vertrautes löst weniger Aufregung aus. Dies ist intrauterin messbar und auch nach der Geburt nachweisbar über einen gleichbleibenden bzw. erhöhten Herzschlag.
Die kognitive Entwicklung ist wesentlich variabler, abhängiger von Umfeld und Umwelt und anfälliger gegenüber ungünstigen Einflüssen als z. B. die motorische Entwicklung.
Dabei sei an dieser Stelle gesagt: Entwicklung ist natürlich fördernd oder hemmend beeinflussbar, aber sie kann nicht frei geformt werden. Die kognitive „Grundausstattung" von Menschen ist unterschiedlich; dies hat z. T. seinen Grund in der Vererbung (in den Genen) und hängt darüber hinaus stark vom Umfeld ab. Spezifische Interessen eines Menschen sind sowohl von seinen Wurzeln als

auch von seiner Umgebung geprägt. **ABER:** Menschen bringen auch ihre eigenen Vorlieben und Interessen mit in die Entwicklung ein! Wir Menschen sind relativ unfertig, wenn wir geboren werden, dies macht uns für lange Zeit abhängig von einem umsorgenden Umfeld, es macht uns aber auch „unbestimmt" im Sinne eines vorgefertigten Entwicklungsverlaufs. Dies ist die Besonderheit des Menschen, er ist nicht auf das festgelegt, was er vorfindet bzw. in das er hineingeboren wurde.

Beispiel: Ein Kind, das in ein musikalisches Umfeld hineingeboren wird, wird viel früher und vielfältiger Kompetenzen in diesem Bereich erwerben, als ein Kind, das in einem unmusikalischen Umfeld aufwächst. Allerdings muss dieses erste Kind nicht zwangsläufig eine besondere Musikalität haben, ebenso, wie das Kind aus der unmusikalischen Familie 2 durchaus eine Vorliebe für Musik entwickeln kann. Nun ist alles Weitere abhängig davon, ob und wie diese Musikalität/Nichtmusikalität erkannt und gefördert wird.
So kann es sein, dass das Kind aus der musikalischen Familie 1 früh die Möglichkeit erhält, ein Instrument zu lernen, und möglicherweise spielt es dann auch recht erfolgreich. Dies muss aber nicht zwangsläufig eine besondere Begabung sein. Anders das Kind aus der unmusikalischen Familie 2: Wird es eine Chance bekommen, seine Musikalität zu entwickeln?
Während in Familie 1 ein mäßiges Talent durch Übung gefördert wird, bleibt ein großes Talent in Familie 2 ggf. unentdeckt. Oder das große Talent findet Wege zur Verwirklichung, während das andere Kind – allen Möglichkeiten und Erwartungen zum Trotz – keine besonderen Fähigkeiten auf diesem Gebiet entwickelt.
Die „Musik" in diesem Beispiel ist austauschbar durch eine Vielzahl anderer Dinge. Egal ob Musikalität, Kreativität, Handwerk, Bildung oder Umweltbewusstsein u. v. m – das Umfeld bietet einen Einblick in „Spezialwissen" bzw. eine Neigung eines Kindes kann sich entfalten oder verkümmert.
Schlussfolgernd zeigt sich, dass die kognitive Entwicklung von den Faktoren Vererbung, Umfeld, Selbststeuerung und Lernen in veränderlichem Maß beeinflusst wird.

Eine kurze „Geschichte“ der Entwicklungspsychologie

Aristoteles (384 – 322 v. Chr.) ging von einem **„inneren Plan des Werdens“** aus.

J. A. Comenius (1592 – 1670) als Vertreter der Erziehungswissenschaften forderte als Erster einen kindgemäßen Unterricht und lenkte damit den Blick auf das „Lernen“. Sein Ziel war eine Schule mit Bildungschancen für alle (auch für Mädchen, sozial Schwache, Menschen mit Behinderung).
Er vertrat eine gewaltfreie Erziehung, die Menschen zur Menschlichkeit befähigt.

John Locke (1632 – 1704) und *Jean-Jaques Rousseau* (1712 – 1778) beschrieben erstmals Entwicklungsstufen und lenkten den Blick auf **„Kindheit“ als Lebensphase**. Sie gingen davon aus, dass ein Kind als „tabula rasa“ (leere Tafel) zur Welt kommt und es alles (in guter Weise!) beigebracht bekommen muss.

Charles Darwin (1809 – 1882) vertrat den **Evolutionsgedanken** und sah damit die **Erbanlagen** als entscheidenden Entwicklungsplan an.

Karl Bühler (1879 – 1963) erforschte zunächst die sprachliche Entwicklung **(Organonmodell)**, später die Entwicklung des Denkens und der Vorstellungsfähigkeit. Er unterscheidet körperliche und geistige **Wachstumsphasen** und räumt den Lebensbedingungen und der Umgebung Einfluss ein.

Iwan P. Pawlow (1849 – 1936) mit dem **klassischen Konditionieren** und *B. F. Skinner* (1904 – 1990) mit dem **operanten Konditionieren** vertraten mit dem **Behaviorismus** die Ansicht, dass menschliche Entwicklung der vollständigen Kontrolle durch die Umwelt unterliegt.

Albert Bandura (*1963) mit dem **Lernen am Modell** und dem **Lernen durch Einsicht** ist den sozial-kognitiven Lerntheorien zuzuordnen und noch nahe am Behaviorismus, denn der Mensch scheint sehr stark von außen formbar.

Sigmund Freud (1856 – 1939) entwarf ein **Phasenmodell der psychosozialen Entwicklung** und betrachtete die Sozialisation des Menschen. Auch wenn seine Theorien heute kritisch betrachtet werden, erhielten durch ihn die Begriffe „Subjektivität" und „Unterbewusstsein" ihren Platz in der Wissenschaft.

Erik H. Erikson (1902 – 1994) beschrieb in seinem **Stufenmodell die psychosoziale Entwicklung**. Weiterentwicklung geschieht durch die erfolgreiche Bewältigung der Entwicklungsaufgaben der jeweiligen Stufe.

Lew Wygotzki (1896 – 1934) betonte mit der **soziokulturellen Theorie** die Bedeutung des sozialen Austausches in einem angemessenen/stützenden Setting. ➔ Seite 16

Jean Piaget (1896 – 1980) hat ebenfalls ein Stufenmodell entwickelt und beschreibt 4 verschiedene **Entwicklungsphasen**. Er betont erstmals den **aktiven Beitrag des Kindes** an seiner eigenen Entwicklung. ➔ Seite 14

John Bowlby (1907 – 1990) hat mit der **Bindungstheorie** verdeutlicht, dass für die kognitive Entwicklung eine sichere Bindung an Bezugspersonen entscheidend wichtig ist. ➔ Seite 18

Urie Bronfenbrenner (1917 – 2005) zeigt mit der **systemisch-ökologischen Theorie** den wechselseitigen Einfluss der verschiedenen, das Kind umgebenden Systeme auf. ➔ Seite 20

Lawrence Kohlbergs (1927 – 1987) **kognitive Entwicklungstheorie** bezieht sich vor allem auf die **Moralentwicklung**.

Vertreter/-innen der neueren Forschung beziehen mit den **Informationsverarbeitungstheorien** die neurobiologischen Erkenntnisse mit ein und erklären die verschiedenen Gedächtnisprozesse.
➔ Seite 22

THEORIEN UND MODELLE ZUR KOGNITIONSENTWICKLUNG

Stufenmodell der kognitiven Entwicklung (Jean Piaget 1896 – 1980)

Der französische Psychologe beschäftigte sich speziell mit der kognitiven und moralischen Entwicklung von kleinen Kindern. In seiner Theorie gibt es im Entwicklungsprozess sowohl **anlagebedingte Reifungsprozesse** als auch **Umweltbedingungen**, die die Entwicklung beeinflussen.

Vor allem aber beschreibt Piaget die Rolle des **Kindes als aktiver Konstrukteur seiner Entwicklung**. Damit kommt dem Kind erstmals eine aktiv gestaltende Position zu. Dies ist eine der wichtigsten Erkenntnisse, die Piaget bis heute bedeutsam sein lassen.

Viele Experimente wurden von anderen Wissenschaftlern übernommen, zum Teil finden sie sich in abgewandelter Form in aktuellen Tests. Einige seiner damaligen zeitlichen Einordnungen gelten heute als überholt, aber der Blick auf die aktive Rolle des Kindes prägt bis heute das Bild der Wissenschaft.

Piaget hat ein Stufenmodell entwickelt, darin unterscheidet er 4 Phasen der Entwicklung:

1. Senso-motorisches Stadium (0 – 2 Jahre)	Vorstufe zum Denken. Das Kind sammelt sensorische Erfahrungen: Es fühlt, schmeckt, riecht, hört, sieht und sammelt so eine Vielzahl von Eindrücken, die es erinnert. Umfassende motorische Fähigkeiten entstehen, aus „Greifen" entwickelt sich „Be-Greifen", somit Wissen über die umgebende Welt. Das Konzept der **Objektpermanenz** beginnt: Dinge existieren auch, wenn sie nicht mehr gesehen werden.
2. Präoperatives Stadium (2 – 7 Jahre)	Im präoperativen Stadium lernt das Kind allmählich, zwischen Gegenständen und den Symbolen dafür zu unterscheiden. Das symbolische Denken ermöglicht Abstraktionen. Das Kind erkennt nun bewusst, dass man mit einem Gegenstand unterschiedliche Dinge tun kann: So können Bausteine zu menschlichen Figuren oder zu Autos werden. Die immer differenziertere Entwicklung von Vorstellungsinhalten erlaubt das „Darüber-Sprechen" und das „So-Tun-als-ob". Das Kind lernt, Erfahrungen durch Sprache, Vorstellungen und Symbole darzustellen. Das Denken des Kindes ist noch von **Egozentrismus** und Zentrierung geprägt: Es kann kaum andere Perspektiven außer der eigenen einnehmen.
3. Konkret-operatorisches Stadium (7 – 11 Jahre)	Das Kind hat das konkret-operatorische Denken erreicht, wenn es das **Invarianzprinzip** versteht. Es kann in Bezug auf konkrete, physikalische Objekte schlussfolgernd, logisch denken: Es weiß nun sicher, dass sich eine Menge von Dingen/Flüssigkeiten nicht ändert, wenn sie in ein anderes Gefäß transferiert wird (Umgießexperiment, Limonadenversuch). Diese Stufe ist wichtig für die Mathematik, denn in der Grundschulzeit wird der zu erfassende Zahlenraum zunehmend größer.
4. Formal-operatorisches Stadium (ab 11 Jahren)	In dieser Phase entwickelt sich die Fähigkeit zu **abstrakten Schlussfolgerungen** und hypothetischem Denken. Das Kind kann Probleme auf der hypothetischen Ebene lösen. Es kann logische Schlussfolgerungen ziehen und kann Veränderungen von Variablen *gedanklich* vornehmen, es muss diese nicht mehr real ausprobieren. Das Kind kann über abstrakte Annahmen und hypothetische Beispiele nachdenken. Beispiel: John ist dünner als Bill; John ist dicker als Sam; wer ist der Dickste von den dreien?
5. Postformales Denken (nach Berk, 2011) (ab ca. 19 Jahren)	Das postformale Denken zeigt ein **reflektiertes Vorgehen:** Hypothetische Fragestellungen und fiktive Möglichkeiten werden gedanklich abgewogen. Es besteht ein Wissen darüber, dass es unterschiedliche Wahrheiten geben kann und dass Theorie und Wirklichkeit sich widersprechen können.

Soziokulturelle Theorie (Lew Wygotzki 1896 – 1934)

Diese Theorie geht von der Grundannahme aus, dass kognitive Entwicklung durch den **engen Zusammenhang zwischen Denken, Handeln und Umwelt** geschieht.
Lernen ist nach dem russischen Psychologen Wygotzki immer im Kontext der Umgebung des Kindes zu sehen und wird entscheidend durch die pädagogische Fachkraft mitgestaltet.
Durch **gelenkte Partizipation**, also dadurch, dass ein Lehrender die Aufmerksamkeit eines Kindes auf eine zu lernende Sache lenkt bzw. die Umwelt (Umgebung/Raum) so gestaltet, dass sie Lernanreize bietet, wird Lernen möglich. Ebenso kann der Lehrende aus dem Interessensbereich des Kindes eine Lernsituation gestalten, dafür greift er durch **Ko-Konstruktion** das Interesse des Kindes auf. So wird Wissenserweiterung ermöglicht. Dies meint *nicht* ein Dozieren, sondern ein sehr individuelles und gemeinsames Eingehen auf den Lerngegenstand, welches dem Kind Möglichkeiten zum selbstständigen Entdecken und Schlussfolgern bietet.

Die Lernumgebung soll in der **Zone der nächsten Entwicklung** liegen: Sie darf weder überfordernd noch unterfordernd sein, denn dann stellt sich Frustration oder Langeweile ein.
Durch die – den Fähigkeiten des Kindes angepasste – **soziale Stützung** gelingt es dem Lehrenden, das Kind beim Lernen optimal zu begleiten.
Dabei ist es wichtig, dass der Erwachsene sich sensibel auf die Interessen des Kindes an dem gemeinsamen Lerngegenstand bezieht, und dass Erwachsener und Kind wechselseitig aufeinander reagieren. Dies wird als **Intersubjektivität** bezeichnet. So wird Neugier geweckt und Interesse aufrechterhalten.
Der Erwachsene hat (zumeist) einen Wissensvorsprung, den er aber nur in wohldosierten Portionen einfließen lässt, sodass das Kind möglichst selbst aktiv entdecken und lernen kann.

Lernen nach Wygotzki findet also eingebettet in soziale Prozesse statt – im gemeinsamen Tun und Reden wird ein geteiltes Wissen konstruiert.

Beispiel: Das Kind versucht, ein altes Spielzeug zu „reparieren". Jetzt hat die Fachkraft mehrere Möglichkeiten: Sie könnte sich ganz raus halten. Sie könnte das Spielzeug nehmen und sagen: „Warte, ich mach das".

Sie könnte aber auch ein Gespräch beginnen und erkunden, was das Kind vorhat, und gemeinsam mit ihm nach Lösungen suchen. Dies könnte damit starten, ein geeignetes Werkzeug (Schraubenzieher?) zu finden, über eine Problemanalyse führen (Neue Batterien? Lose Kabel? Kaputte Teile?) bis hin zum Finden eines möglichen Lösungsweges (Einkauf von Batterien. Oder Ersatzteil bestellen. Oder fachkundige Person unter den Eltern befragen). Eventuell würden die Fachkraft und das Kind auch feststellen, dass das Spielzeug unwiederbringlich defekt ist – aber dass die einzelnen Bestandteile interessant genug zum Explorieren sind! Man könnte die Teile also einem anderen Spielzweck zuführen oder letztendlich fachgerecht im Müll entsorgen. Lernanlässe bieten sich allemal genug, wichtig ist das **gemeinsame Erkunden = Ko-Konstruktion**.

MERKE

Dieser Ansatz findet sich in den Bildungsplänen für die frühe Kindheit. Dort sind Fachkräfte aufgefordert, ko-konstruktiv zu arbeiten, daher ist die Theorie Wygotzkis heute noch aktuell. Ko-Konstruktion ist ein aktives, gemeinsames Lernen, das wechselseitig Impulse setzt und von Seiten der Fachkraft eine offene, motivierende (Lern-)Atmosphäre voraussetzt (Vgl. Seite 26).

Bindungstheorie (John Bowlby 1907 – 1990)

Bowlbys Bindungsforschung zeigt, dass die kognitive Entwicklung in besonderem Maß abhängig ist von einer gelungenen Bindung.
Nach Bowlby ist Bindung beim Säugling genetisch bedingt, das Baby kann durch sein Verhalten mit Weinen und Klammern auch aktiv auf sein **Bedürfnis nach Nähe** zu einer Bindungsperson aufmerksam machen. Eine **sichere Bindung** stellt sich ein, wenn die Bindungsperson dem Kind das Gefühl von Sicherheit, Schutz und Vertrauen geben kann. Dazu bedarf es einer **verlässlichen Beziehung zwischen Bindungsperson und Kind**, in der das – zunächst noch recht hilflose – Kind eine zuverlässige, feinfühlige Reaktion auf seine Bedürfnisse erfährt.
Zuerst sollten es wenige Personen sein, mit denen diese tiefe Bindung eingegangen wird (z. B. Eltern). In aller Regel ist die Mutter die erste Bindungsperson, da sie meist viel Zeit mit dem neugeborenen Kind verbringt. ABER: Nicht die genetische Verbindung ist entscheidend, auch ein Adoptivkind kann eine sichere Bindung zur Adoptivmutter aufbauen, sofern die Bindung in den ersten Lebensmonaten des Kindes aufgebaut werden kann.
Erst mit einer gelungenen sicheren Bindung werden **Neugier und Explorationsverhalten** möglich. Ohne Bindung beginnt ein Kind nicht eigenaktiv mit der Erkundung der Umwelt, d.h., neue Erfahrungen fehlen und es erwirbt nur in eingeschränktem Maß neue Fähigkeiten. Damit ist die Bindung für die kognitive Entwicklung von entscheidender Bedeutung.

> **MERKE**
> Auch pädagogische Fachkräfte sind Bindungspersonen: Kinder verbringen in der Regel einen Großteil ihres Tages in pädagogischen Einrichtungen (Kitas u. a.). Hier brauchen sie eine Person ihres Vertrauens, um die Bildungsmöglichkeiten der Einrichtung in vollem Umfang nutzen zu können. In besonderem Maß gilt dies für Kleinkinder, die eine Krippe besuchen.

Bindungstypen nach Bowlby u. a.

Sicher gebundene Kinder	Diese Kinder haben in ihrem Leben erfahren, dass ihre Bedürfnisse zuverlässig erfüllt werden und ihre Bezugspersonen sich ihnen gegenüber liebevoll und feinfühlig verhalten. Das Verhältnis ist geprägt von bedingungsloser Liebe, großer Zuneigung und Vertrauen. Aus dieser sicheren Basis heraus erkunden sie selbstbewusst, unbefangen und furchtlos die Welt (**Exploration**) und suchen bei Unsicherheiten vertrauensvoll die Nähe. Verhalten: freundlich, ausgeglichen, neugierig und gute Konzentration
Unsicher-vermeidend gebundene Kinder	Diese Kinder erfahren immer wieder, dass ihre Wünsche nach Nähe und persönlicher Zuwendung zu wenig erfüllt werden. Sie empfinden, dass ihre Wünsche oft auf Ablehnung stoßen und ihnen kein Anspruch auf Liebe und Unterstützung zusteht. Sie versuchen, von anderen Menschen unabhängig zu werden und unterdrücken ihre Bedürfnisse nach Kontakt, Nähe und Zuwendung. Sie vermeiden Situationen, in denen sie mit emotionalen Bedürfnissen auf Ablehnung stoßen könnten. Verhalten: häufig sehr vernünftig und selbstständig, anpassungsbereit und unauffällig
Unsicher-ambivalent gebundene Kinder	Diese Kinder haben die Erfahrung großer Unstetigkeit von Seiten ihrer Bezugspersonen gemacht. Sie erlebten sowohl die liebevolle Zuneigung und die feinfühlige Erfüllung ihrer Bedürfnisse als auch Missachtung, Ignoranz, Zurückweisung und Kränkung. Es gibt wenig Sicherheit und sie sind „immer auf der Hut", denn sie müssen sich deutlich mit ihren Bedürfnissen in Erinnerung bringen, doch es besteht keine Sicherheit hinsichtlich deren Erfüllung. Verhalten: häufig übermäßig anhänglich mit Trennungsangst, auch Ärger auf die Bezugspersonen, was neue Konflikte beinhaltet
Desorganisiert-desorientiert gebundene Kinder *(nicht Bowlby; später hinzugefügt von M. Main, J. Solomon und B. Brazelton)*	Diese Kinder zeigen widersprüchliche Verhaltensweisen: Sie suchen sowohl intensiv nach Nähe, lehnen Kontaktangebote aber auch ab. Sie wenden z. B. den Blick bewusst ab und (!) klammern sich an die Bezugsperson. Grund dafür ist das undurchschaubare Verhalten der Bezugsperson. Es gibt Phasen der Zuwendung sowie der offenen Ablehnung. Im Extremfall ist es mit körperlicher Gewalt, aggressivem Schimpfen oder Nichtbeachten verbunden. Auch Vernachlässigung, Liebesentzug sowie ein Alleinlassen auf unabsehbare Zeit kommen vor. Die Kinder erleben ein Dilemma: Die Bezugsperson verkörpert zugleich Sicherheit und Gefahr. Verhalten: Unsicherheit, missmutige Grundstimmung, mangelndes Interesse, Inaktivität (apathisch-resignativ), lässt sich nur schwer in Aktivitäten einbeziehen, manchmal auch aggressiv

Systemisch-ökologische Theorie (Urie Bronfenbrenner 1917 – 2005)

Hier wird das Kind als ein sich selbstregulierendes System gesehen, dass in ständigem Austausch mit den umgebenden Ökosystemen steht.

Mikrosystem

Im Zentrum ist das Kind: Es interagiert zunächst mit der engen Umgebung, also Familie (meist Eltern und Geschwister), dies wird Mikrosystem genannt. Dazu gibt es weitere Mikrosysteme wie die Kita und der Spielplatz mit den Freunden. In den Mikrosystemen ist das Kind unmittelbar beteiligt.

Mesosystem

Alle Beziehungen zusammen bilden das Mesosystem. Im Mesosystem bestehen Kontakte zwischen den einzelnen Mikrosystemen, z. B. zwischen Eltern und Kindertagesstätte.

Exosystem

Darüber schließt sich ein Kreis mit anderen, erweiterten Kontakten (Nachbarn, Schule u. a.), das Exosystem.

Makrosystem

Im äußeren Kreis, dem Makrosystem, sind gesellschaftliche Werte, Normen, Kultur und Sitten verankert.

All dieses steht in wechselseitigem Tausch miteinander: Die Systeme beeinflussen die Entwicklung des Kindes und werden aber auch durch das Kind mitgestaltet.

Die (kognitive) Entwicklung des Kindes geschieht somit im Austausch mit den umgebenden Systemen. Sie bieten Anregungen und regen zum „Fragen", „Erforschen", „Wissen wollen" an, eben dazu, Gegebenheiten genau(er) zu erfassen. **Dabei ist das Kind aktiv,** es fokussiert seine Aufmerksamkeit auf spezielle Aspekte, die den Heranwachsenden interessieren. Gleichzeitig verändert und gestaltet das Kind durch sein Dasein auch die Systeme.

Beispiel: Allein durch sein „in die Welt geboren werden" verändert es das Lebenssystem seiner Bezugspersonen. Es bringt sich fortan in die Welt ein, mit seiner individuellen Persönlichkeit.

> **MERKE**
> Als Fachkraft muss man immer wieder neu bereit sein, jedes Kind als einzigartig wahrzunehmen und sich individuell mit genau diesem Kind zu beschäftigen. UND: Jedes Kind verändert auch die eigenen Systeme!

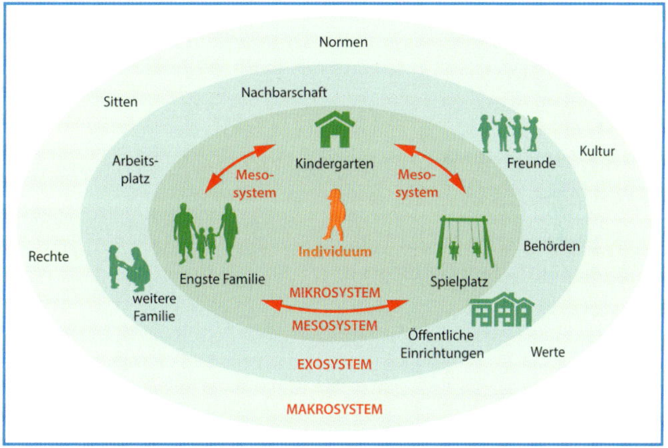

Ökosystem-Ebenen nach Bronfenbrenner

Informationsverarbeitungstheorien

Diese Theorien bauen auf den neurobiologischen Erkenntnissen der letzten Jahrzehnte auf, in denen man das menschliche Gehirn und seine Tätigkeit genauer erforscht. Demnach versteht man Denken als Prozess, der aus vielen aufeinanderfolgenden Denkschritten besteht. Diesen Denkschritten liegen Strukturen zugrunde, die bestimmten Hirnarealen zugeordnet werden können.

Das Gehirn: Mehrspeichermodell

Das Gedächtnis wird als Mehrspeichermodell gesehen.

Wo wird gespeichert?

1. Die Informationsaufnahme erfolgt durch die Sinne und wird gespeichert im sensorischen Gedächtnis (Ultrakurzzeitgedächtnis). Hier wird entschieden über Beachtung oder Nichtbeachtung eines Reizes.
2. Bei Beachtung erfolgt eine Weiterleitung an den **Arbeitsspeicher (= Kurzzeitgedächtnis)**, hier erfolgt der Abgleich mit vielleicht bereits vorhandenem Wissen im Langzeitgedächtnis und die Einordnung als „merkenswert" oder nicht.
3. Ablegen relevanter Informationen im **Langzeitgedächtnis**, mit prinzipiell unbegrenzter Speicherkapazität.

Was wird gespeichert?

Man unterscheidet zwischen

- dem **episodischen Gedächtnis** (Speicherung eigener/persönlicher Erfahrungen),
- dem **prozeduralen Gedächtnis** (automatisierte Abläufe),
- dem **semantischen Gedächtnis** (Wissen über die Welt).

Das semantische Gedächtnis enthält die sogenannten Skripte und Konzepte, nämlich das Wissen darüber, *wie* bestimmte Handlungen typischerweise *ablaufen*.

Wie wird gespeichert?

Das Denken folgt bestimmten Regeln und Strategien, die als *Prozesse* bezeichnet werden:

Basisprozesse: Ereignisse assoziieren, Objekte wiedererkennen, Fakten und Vorgehensweisen abrufen, Beispiele verallgemeinern

Strategien: Einüben und wiederholen, sortieren nach Oberbegriffen, elaborieren (Ausarbeiten), Aufmerksamkeit steuern (Selektieren)

Metakognition: Planen und reflektieren, d.h. (Nach-)Denken über den besten Lösungsweg

Inhaltswissen: zunehmendes Wissen über die Welt und Verknüpfung von Wissensinhalten

> **MERKE**
> Für die Pädagogik ist die Förderung des Kindes durch die Entwicklung von Handlungsstrategien und vor allem **Gedächtnisstrategien** besonders wichtig. Konkret gilt es, die **Metakognition** zu entwickeln.

Dies geschieht, indem Fachkräfte und Kinder sich im gemeinsamen Gespräch laut über unterschiedliche Ideen hinsichtlich Lösungsstrategien austauschen:

NACHdenken über das Denken/Wissen:

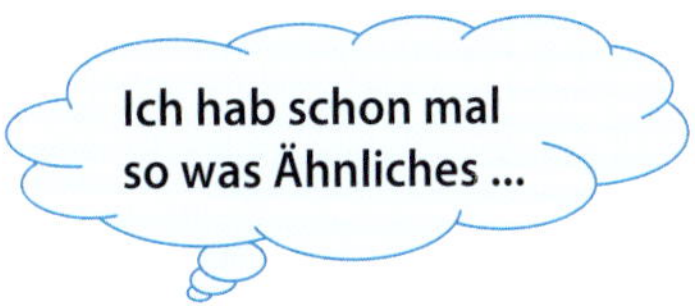

VORdenken hinsichtlich des Handelns:

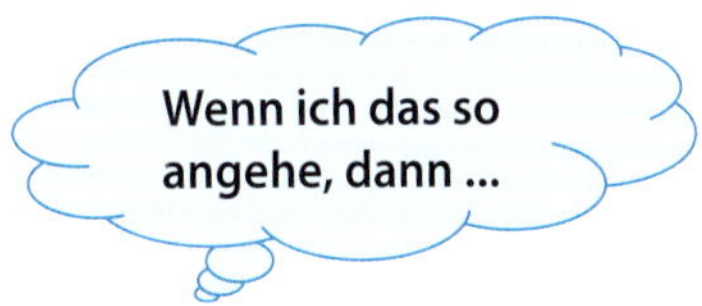

Sustained Shared Thinking

Oben beschriebene Interaktionsform wird auch „metakognitive Dialoge“, „Nachdenken mit Kindern“ oder „Sustained Shared Thinking“ genannt. Auf diese Weise entwickelt sich ein Wissensnetzwerk. Grundvoraussetzungen sind die sichere Bindung und eine Atmosphäre, in der Kinder den Mut haben, auch „scheinbar Lächerliches, Unmögliches“ zu äußern. Keine Angst haben müssen vor „falsch“, sondern gemeinsam nach angemessenen Lösungsstrategien suchen können (vgl. S. 58).

Theorie des Kernwissens

Grundgedanke ist, dass bestimmte Bereiche des menschlichen Wissens angeboren sind (priviligiertes Wissen). Der Stand der Forschung zeigt, dass Kinder in einem sehr frühen Alter über **angeborene Grundlagen** verfügen, mit denen jener Bereich besonders effektiv gelernt werden kann:

Wissen über Objekte (intuitive Physik)

Die Entwicklung physikalischen Wissens: Schon Kleinstkinder verfügen über ein Bewusstsein hinsichtlich Physik: Sie sind überrascht, wenn ihnen „unmögliche" Ereignisse präsentiert werden (Erwartungsverletzungen), wenn physikalische Gesetzmäßigkeiten außer Kraft gesetzt werden (vgl. 7. Lebensmonat).

Wissen über Menschen (intuitive Psychologie)

Gemeinsame Intentionalität: Kinder stehen sehr bald in Interaktion, diese beginnt mit dem ersten sozialen Lächeln und der Erwartung von Ansprache und sozialem Austausch. Die Intentionalität entwickelt sich wie folgt:

1. Stufe: *Sich in andere hineinversetzen können,* ab ca. 3. Monat dyadisch: Wir teilen Emotionen und Verhalten, z. B. Nachahmen von verschiedenen Gesichtsausdrücken.
2. Stufe: *Die gemeinsame Absicht des Handelns erkennen und verstehen,* ab ca. 9. Monat triadisch: Wir handeln gemeinsam mit einem Gegenstand, z. B. wir „geben und nehmen": Ball zurollen.
3. Stufe: *Aus unterschiedlichen Plänen eine gemeinsame Intention entwickeln,* ab ca. 14. Monat kollaborierend: Wir haben Pläne, die in Einklang gebracht werden müssen, z. B. Kind nimmt Erwachsenen an die Hand, um ihn zum Mitgehen zu bewegen.

Wissen zur Kategorisierung (Dinge, Raum, Zeit, Ursache/Wirkung)

Die Entwicklung von Konzepten: Das Denken wird strukturiert durch die Fähigkeit, Konzepte und Kategorien zu bilden, so muss nicht alles wieder neu erfasst werden. Sachverhalte werden in Klassen zusammengefasst, die ähnliche oder gemeinsame Merkmale haben. Schon sehr früh unterscheidet das Kind zwischen „belebt" und „unbelebt". Im 1. Lebensjahr entsteht eine Vielzahl von Kategorien, die dem Kind helfen, Neues schnell einzuordnen, und die immer weiter ausdifferenziert werden.

Theorien dynamischer Systeme

Diese Theorien sind gegenwärtig in der Entwicklungspsychologie die neuesten Forschungsansätze. Hierbei wird im Sinne des Begriffes „System" nicht das Denken allein betrachtet, sondern alle Bereiche der Kognition (Gedächtnis, Sprache, Wahrnehmung u. a.) berücksichtigt. **Entwicklung ist demnach ein „dynamischer Prozess"**, bei dem es Rückschritte und Unterschiede im Entwicklungsverlauf gibt. Das kognitive System organisiert sich selbst im Kontext seiner individuellen Gegebenheiten.
Das Kind bringt eine hohe **intrinsische Motivation** mit. Es entwickelt sich dadurch weiter, dass es unterschiedliche Verhaltensweisen erprobt, daraus die effektiven Verhaltensweisen selektiert und diese dann **wiederholt anwendet**. Das Lernen kann zunehmend effektiver verlaufen, weil dem Kind aufgrund vieler Erfahrungen immer mehr Auswahlmöglichkeiten zum Finden effektiver Strategien zur Verfügung stehen. Folglich formen Handlungen das Denken des Kindes und *genauso* formt das Denken die Handlungen des Kindes.
Kinder sind also ganzheitliche, aktive und komplexe Lerner, die vielfältige Erfahrungsmöglichkeiten brauchen. Dies geschieht idealerweise in einem **sozialen Gefüge**, das die Erfahrungen *verbalisiert*.

In solch einem dynamischen System stehen alle beteiligten Personen und alle umgebenden Bedingungen miteinander in *Wechselwirkung*. Es fließen die Forschungsergebnisse älterer Theorien ein:

- Piaget, der die Motivation des Kindes betont,
- Wygotzki, der die Bedeutung der sozialen und kulturellen Umgebung beschreibt,
- Bronfenbrenner, der den wechselseitigen Austausch des Kindes innerhalb der umgebenden Ökosysteme anschaulich darstellt,
- die Informationsverarbeitungstheorien, die Denk- / Gedächtnisprozesse nachvollziehbar machen.

> **BEACHTE**
> Das Handlungskonzept der **Ko-Konstruktion** berücksichtigt in besonderer Weise das aktive Tun eines Kindes in einem „hilfreichen" (= anregenden / interessierten / zugewandten / unterstützenden / aber auch Platz lassenden) sozialen Umfeld.

Umsetzung der Theorien: Handlungskonzept Ko-Konstruktion

Aus den vorgenannten Theorien entstehen Handlungskonzepte, die die Erkenntnisse der Forschung in die Praxis umsetzen. Wassilios Fthenakis hat maßgeblich an den Bildungsplänen mitgewirkt, er formuliert ein **verändertes Bildungsverständnis:** Bildung wird als sozialer Prozess definiert, an dessen Gestaltung das Kind, verschiedene Fachkräfte, die Eltern, andere Erwachsene und andere Kinder aktiv beteiligt sind. In den Bildungsplänen der Länder zur frühen Kindheit ist die Ko-Konstruktion die zentrale Form der institutionellen Bildungsarbeit mit Kindern.
Zugrunde liegt dieser Form eine Haltung, die mehrere **Faktoren** anerkennt:

	Das Kind geht **aktiv** mit seiner Umwelt um und bringt einen großen **Lernwillen** mit.
	Damit es optimal lernen kann, braucht es ein **anregendes Umfeld** und Möglichkeiten, sich auszuprobieren. Dies bieten Kindertageseinrichtungen über ansprechende Raumgestaltung und Material, sowie durch Aktivitäten, die anregend wirken und vielfältige Möglichkeiten der Bildung bereithalten.
	Ebenso wichtig ist die **Fachkraft**, die mit einer offenen Haltung das Lernen der Kinder begleitet, die erkennt, was für das jeweilige Kind bedeutsam ist, und als Lernpartner zur Verfügung steht. Dabei präsentiert die Fachkraft ihren Wissensvorsprung nicht als Lehrstunde, sondern regt die Kinder an, selbst zu probieren, eigene Schlüsse zu ziehen und auf diesem Weg eigenaktiv neue Lerninhalte zu erschließen und zu reflektieren. Sie nutzt dazu auch **metakognitive Dialoge (Sustained Shared Thinking)**.
	Nicht nur die Fachkraft, auch die **anderen Kinder** und weitere Personen (Großeltern u. a.) bieten sich als ko-konstruktives Gegenüber an. Im Kontakt mit anderen Personen erlebt und gestaltet das Kind neue Lernsituationen, die sein Sachwissen und seine Umgangsformen (*sozial*-kognitives Wissen) erweitern. Dies geschieht zum Teil zufällig, denn sowohl der Kontakt als auch die erlebbare Handlungsweise des Gegenübers müssen keinesfalls geplant sein. Ein gemeinsamer Fokus lässt ein gemeinsames Lernen entstehen. Beispiel: Wie baut Max die Ritterburg? Was macht Opa bei den Bienen?

Diesen Aspekt betrachtet der sogenannte Sozial-Konstruktivismus, der eine Weiterentwicklung der gemäßigten konstruktivistischen Theorie ist.

THEORIEBEZUG: In die Ko-Konstruktion fließen die zuvor ausgeführten Theorien ein.
- Piaget, der die aktive Rolle des Kindes einbringt,
- Wygotzki, der mit der gelenkten (auch vom Kind gelenkten!) Partizipation und der Zone der nächsten Entwicklung auf ein anregendes Setting Wert legt,
- Bowlby, dessen Bindungstheorie erst die Basis für die Nutzung der Lernmöglichkeiten bildet,
- auch Bronfenbrenner, der verdeutlicht, wie bedeutsam die umgebenden Systeme sind, sowie
- Erkenntnisse über die Informationsverarbeitung im Gehirn, die aufzeigen, wie Wissen verarbeitet wird.

MERKE

Mit dieser interessierten, ko-konstruierenden Haltung und mit förderlichen Gesprächsanregungen können Fachkräfte und Eltern die (kognitive) Entwicklung von Kindern gut unterstützen.

BEACHTE ⚠

Ein zu einseitiger Blick allein auf die Interessen/Impulse des Kindes kann dazu führen, dass interessante Lerngegenstände ausgelassen werden, weil das Kind von sich aus nie ein Interesse daran zeigt.

Daher ist ein behutsames, keinesfalls überstülpendes **Lenken auf interessante Aspekte** auch durch den Erwachsenen erlaubt.

Idealerweise ergänzen sich der Lernwille des Kindes und die Impulssetzung durch eine Bezugsperson so, dass entdeckendes Lernen gelingt und eine subjektive Bedeutsamkeit zu weiterer Beschäftigung mit dem Lerngegenstand motiviert = intrinsische Motivation.

1 ENTWICKLUNG NACH ALTERSSTUFEN

Vorgeburtliche Entwicklung

Die kognitive Entwicklung beginnt intrauterin (= in der Gebärmutter) und hat ihre Anfänge in den ersten Sinneserfahrungen, die ein Kind macht. Schon im Mutterleib **spürt, schmeckt und hört** das Ungeborene, es nimmt auch verschiedene **Lichtverhältnisse wahr**.
Weiterhin ist es durch die Verbindung mit der Mutter auch **emotionalen Befindlichkeiten** ausgesetzt. Durch das Blut gelangen Stoffe, die bei Wohlbefinden oder Stress ausgeschüttet werden, gleichsam in den Blutkreislauf des Ungeborenen.
Daraus entwickelt sich ein Wiedererkennen, ein erstes Gedächtnis.

> **MERKE**
> Die Funktion der Sinnesorgane und die entsprechende Verarbeitung der Sinneseindrücke im Gehirn sind Voraussetzungen für die kognitive Entwicklung.
> Bei **Einschränkungen** in der Funktion einzelner Sinnesorgane spezialisieren sich *andere* Sinne in besonderem Maß, z.B. der Tastsinn bei Sehbeeinträchtigungen/Blindheit. Dies ist dann eine adäquate Entwicklung unter der Voraussetzung einer Sinneseinschränkung/eines Sinnesausfalls.

Reifung der Sinnesorgane

	Sinnesorgan		Funktion	Sinnessystem, Sinn	Reifung im …
Nahsinne	**Haut**		Fühlt Berührungen, Temperatur	Taktiles System Berührungssinn	2. Schwangerschaftsmonat
	Innere Organe	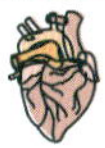	Bemerkt Spannung	Viszerales System	2. Schwangerschaftsmonat
	Muskeln, Gelenke, Sehnen		Spürt Stellung der Körperteile, Bewegung, Kraft, Gewicht von Objekten	Kinästhetisches System Lage- und Bewegungssinn	3. Schwangerschaftsmonat
	Innenohr		Spürt Lage im Raum, Schwerkraft, Stellung des Kopfes	Vestibuläres System Gleichgewichtssinn	4. Schwangerschaftsmonat
Fernsinne	**Nase**		Riecht Gerüche	Olfaktorisches System Geruchssinn	5. Schwangerschaftsmonat
	Zunge		Schmeckt Geschmack	Gustatorisches System Geschmackssinn	6. Schwangerschaftsmonat
	Ohr		Hört Geräusche, Tonhöhe, Lautstärke, Sprache	Auditives System Hörsinn	7. Schwangerschaftsmonat
	Hand	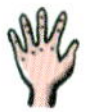	Tastet Oberflächenbeschaffenheit, Größe, Form von Objekten	Taktiles System Tastsinn	7. Schwangerschaftsmonat
	Auge		Sieht Farben, Formen, Helligkeit, Auge-Hand-Koordination	Visuelles System Sehsinn	8. Schwangerschaftsmonat

1. Lebensmonat

Die dingliche Welt erkunden und manipulieren

Nach der Geburt sind für das Neugeborene alle Sinneswahrnehmungen unmittelbarer, stärker wirkend:
Das Licht ist greller, es sind neue Geräusche wahrnehmbar, die Ausrichtung des eigenen Körpers und die Bewegung gegen die Schwerkraft kommen hinzu.
Taktile Reize wirken unmittelbar und völlig verschiedenartig auf die Haut des Neugeborenen: z. B. Kälte, Nässe, wohlige Wärme, kratzige oder einengende Kleidung, harte/weiche Unterlagen.
Auch die Gefühle von Hunger oder Verdauungsproblemen sind neu für den Säugling.

Aus all diesen Reizen bildet das Gehirn „Erinnerungsspuren", das Neugeborene ist in der Lage, unangenehme und angenehme Empfindungen zu unterscheiden und wiederzuerkennen.
Im Gehirn werden unzählige Vernetzungen (Synapsen) ausgebildet, aber nur jene, die auch genutzt werden, bleiben zukünftig bestehen.
(Zur Veranschaulichung: Das Gehirn ist vergleichbar mit einem flächendeckenden Schienennetz zu jedem beliebigen Ort. Aber nur durch die Nutzung bilden sich Hauptstrecken heraus und ergeben sich Anschlussmöglichkeiten – bei Nichtnutzung werden die Strecken aufgegeben und verfallen.)
Im 1. Lebensmonat entwickelt das Neugeborene somit ein **erstes Wissen über die umgebende Welt**.

Soziale Kognition

Das Baby kann eigenaktiv noch wenig für sich tun.
Es zeigt seine Befindlichkeit jedoch an durch körperliche Unruhe, Unmutsäußerungen (bis hin zum Schreien), wache Zufriedenheit sowie durch Schlafen.
Es ist auf eine **feinfühlige Bezugsperson** angewiesen, die sich zuverlässig um das Kind kümmert und seine Bedürfnisse sicher befriedigt.
Beispiel: Es gilt herauszufinden – ist das Schreien ein Ausdruck von Hunger, Unwohlsein, Müdigkeit?

Das Baby verfügt noch über wenig differenzierte Ausdrucksmöglichkeiten, daher ist die Deutung seiner Befindlichkeit eine erste Kommunikation und verschafft dem Kind „Wissen" über die Abläufe der noch neuen, unbekannten Welt.

BEACHTE

Es entsteht Interaktion zwischen Bezugsperson und Säugling, diese beinhaltet die Kontaktaufnahme und Bindungsherstellung sowie das Erkennen von Befindlichkeiten und die Befriedigung von Bedürfnissen.
Dies geschieht **im wechselseitigen Austausch** und bildet die **Basis**, auf der die weitere Entwicklung erfolgt. Dabei ist der Säugling **aktiver Partner**, denn er zeigt durch sein Verhalten (Schreien oder Zufriedenheit) seine Wünsche.
Zugleich baut er Wissen über die Abläufe des Alltags auf und nimmt mehr und mehr von der Umgebung wahr.

2. Lebensmonat

Entwicklung körperlicher Fähigkeiten

Aus den ersten zufälligen Bewegungen beginnt das Baby gezielte Bewegungsabläufe zu entwickeln: Es lernt seinen Blick auszurichten und den **Kopf** zunehmend zu **kontrollieren**.

Die dingliche Welt erfassen und manipulieren

Das Baby **entwickelt ein Erinnerungsvermögen** für tägliche Abläufe und eventuelle Rituale.
Es bewegt Arme und Beine noch recht unkoordiniert; aber mit den ersten zufälligen Strampelbewegungen bzw. dem „Gegenschlagen" gegen ein Mobile in Reichweite, welches dadurch in Bewegung gesetzt wird, entwickelt sich nach vielen Wiederholungen das Erleben erster **Selbstkompetenz/Selbstwirksamkeit.**
Das Baby erkennt, dass es selbst etwas „bewegen, auslösen kann". Zu diesem frühen Zeitpunkt hat es noch keine bewusste ICH-Wahrnehmung, aber es erkennt Reiz-Reaktionsschemata, aus denen es später seine Selbstwirksamkeit, sein ICH entdeckt.

> **THEORIEBEZUG nach Piaget:**
> Sensumotorisches Stadium, primäre/sekundäre Kreisreaktionen

Stimmen, Geräusche und Musik werden unterschieden und erinnert.
Vielfältige **Sinneserfahrungen** sind die wichtigsten Lernmomente, die im Gedächtnis abgespeichert werden und zur Vernetzung des Gehirns beitragen.

Soziale Kognition

Das Baby lernt, menschliche Gesichter wiederzuerkennen.
Es kann die Augen koordinieren und Blickkontakt aufnehmen.
Es zeigt ein **erstes soziales Lächeln** im Kontakt mit Menschen, dabei erkennt es die Hauptbezugsperson (meist die Mutter), lächelt aber auch bei anderen Personen.
Es beginnt **nachzuahmen**, streckt z. B. gleichermaßen die Zunge heraus, wenn sein Gegenüber dies vormacht.

> **BEACHTE**
> Dem Baby gelingt die Kontrolle des eigenen Körpers zunehmend besser und es sammelt erste Erfahrungen mit Materialien und baut soziale Kompetenzen aus.

> **MERKE** ⚠
> Basis für diese Entwicklungsschritte ist die **Bindung** an feste Bezugsperson(en), die zuverlässig die **Bedürfnisse des Kindes** erkennen und ein angemessenes Angebot bereithalten.
> Aber Vorsicht: Es ist **feinfühliges Abwägen** angesagt: „Wann" und „ob" etwas Neues angeboten wird. Es braucht kein „Feuerwerk" an Babyspielzeug und reizüberflutende Angebote. Die umgebende Welt ist spannend genug und zu viel Neues führt zu situativer Überforderung.

> **THEORIEBEZUG:**
> Mit den sogenannten Habituationsversuchen konnte bewiesen werden, dass kognitives Lernen stattfindet, denn schon sehr kleine Kinder zeigen mit geringerer und größerer Aufmerksamkeit, ob ein Gegenstand bekannt ist oder neu angeboten wird.

3. Lebensmonat

Entwicklung körperlicher Fähigkeiten

Das Baby
- verbringt mehr Zeit im Wachzustand,
- ist zunehmend neugierig auf die umgebende Umwelt,
- verfügt über eine sichere Kopfkontrolle,
- kann den Kopf auch in Bauchlage sicher halten, so erweitert sich das Blickfeld stark,
- entwickelt zunehmende Fähigkeiten im Bereich der Arme und Hände,
- hat Freude am Spiel mit den eigenen Händen, bringt sie in der Körpermitte zusammen, dreht die Hände und betrachtet sie → beginnende **Auge-Hand Koordination.**

Die dingliche Welt erfassen und manipulieren

Das Baby kann nun Gegenstände mit den Augen fixieren und bewegte Gegenstände begrenzt mit den Augen verfolgen.

Beginn der **intermodalen Verknüpfung** verschiedener Sinneswahrnehmungen → Geräusche und Aussehen verschiedener (Spiel-)Gegenstände werden als zusammengehörend wahrgenommen (Akustik & Optik und z. T. Haptik).

Es wird motorisch aktiver und versucht eigenaktiv Lageveränderungen, dadurch erweitert es das Blickfeld, aber auch den Aktionsradius.

Es versucht Spielzeuge/Gegenstände zu ergreifen bzw. berührt diese und sammelt dadurch haptische Eindrücke (Auge-Hand-Koordination).

Die Körperspannung und Körperkoordination nehmen zu.

Soziale Kognition

Beginn der **gemeinsamen Intentionalität** (vgl. Theorie des Kernwissen, Seite 29).

> **MERKE**
>
> Gemeinsame Intentionalität:
>
> 1. Sich in andere hinein versetzen zu können,
> 2. die gemeinsame Absicht des Handelns erkennen und verstehen,
> 3. aus unterschiedlichen Plänen eine gemeinsame Intentionen entwickeln.

Das Baby **erwartet Interaktion,** nimmt Blickkontakt auf, oder meidet ihn.
Es kommuniziert über **Mimik, Gestik und Laute.** Dabei zeigt es Freude oder auch Ablehnung.
Die Interaktion ist **dyadisch,** nämlich der Austausch zwischen Baby und Bezugsperson.
Es beginnt, verschiedenste Laute zu produzieren und hat Freude am Ausprobieren und am „Dialog".
Es zeigt durch verschiedenartiges Schreien unterschiedliche Bedürfnisse an.

4. Lebensmonat

Entwicklung körperlicher Fähigkeiten

Das Kind kann nun Gegenstände nicht nur berühren, sondern auch **ergreifen** und **festhalten**.
Die **Auge-Hand-Mund Koordination** entwickelt sich: Gegenstände werden ebenfalls mit dem Mund erkundet.

Die dingliche Welt erfassen und manipulieren

Aus den ersten unkoordinierten Bewegungen des 2. Monats hat sich ein **gezieltes „Gegenschlagen"** entwickelt, jetzt kann das Kind sehr bewusst das Mobile o. a. in Bewegung setzen. Das Greifen gewinnt an Bedeutung: GREIFEN = BEGREIFEN.
Das Kind greift im Faustgriff, nimmt die Gegenstände **in beide Hände** und **erkundet mit dem Mund**.
Dabei lernt das Kind unterschiedliche Oberflächen und Formen kennen und erinnert diese, sofern sie oft genug zur Verfügung stehen. Es entsteht ein **sensorisches Wissen**.
Die verschiedenen Sinneseindrücke werden mehr und mehr miteinander verknüpft, die **intermodale Wahrnehmung** hinterlässt Gedächtnisspuren. Sehen & Greifen gewinnen an Bedeutung, oft ist auch eine auditive Information dabei.

Beispiel: Die Rassel klingt anders, fühlt sich anders an und sieht anders aus als die Quietschente.

Schon eine Wahrnehmung reicht aus, um das Spielzeug sicher zu identifizieren. Hier entwickeln sich sowohl ein **„semantisches"* Gedächtnis** als auch **erste Skripte:** Das Kind entdeckt zunächst die ganz spezifischen Merkmale eines Spielzeugs, jedoch bald kennt und erwartet es eine ganz bestimmte Reaktion, wenn es die Rassel oder Quietscheente erblickt und danach greift.

> **BEACHTE**
>
> * **Semantisch** meint hier zunächst ein **bildliches** Erkennen, ein Wiedererkennen des Gegenstandes, wenn das Kind ihn wiedersieht.
> ABER: Mit dem Benennen von Gegenständen durch die Bezugsperson beginnt schon hier das Lernen von Begriffen, ein Wortschatz wird aufgebaut (Input). Das Sprechen und damit die aktive Nutzung von Begriffen zum Erinnern und Wünsche äußern (Output) braucht natürlich noch viel Zeit (etwa im 12. Monat).

In diesem Alter ist ein „verschwundener" Gegenstand einfach weg, das Kind sucht nicht danach (= noch ist keine Objektpermanenz ausgebildet). Dies heißt aber nicht, dass der Gegenstand beim Wiederauftauchen völlig neu entdeckt wird, denn das Kind bildet Strukturen der **Habituation (Gewöhnung)** aus und erkennt vertraute Gegenstände wieder. Die weiter oben genannten *Habituationsversuche* belegen, dass Neues mehr Aufmerksamkeit hervorruft als Bekanntes.
Das Kind merkt sich Gelerntes etwa eine Woche lang.

Soziale Kognition

Das Kind hat Freude daran, Laute zu produzieren. Erste dialogähnliche Interaktionen finden statt.
Es verfügt über ein differenzierteres Repertoire zur Bedürfnisäußerung: Lächeln, Zeigen von verschiedenen Formen der Unmutsbekundung (Schreien u. a.), Wegdrehen, Aufnehmen oder Abbrechen von Blickkontakt.
Es unterscheidet bei den Personen in seiner Umgebung zwischen freundlichem bzw. ärgerlichem Stimmklang und reagiert entsprechend.

Beispiel: Das Kind beginnt zu weinen, wenn ein Geschwisterkind geschimpft wird.

5. Lebensmonat

Entwicklung körperlicher Fähigkeiten

Das Kind schaut sich interessiert um, verfolgt Gegenstände und Personen mit den Augen.
Hand-Hand-Koordination: Gegenstände können von einer in die andere Hand gegeben werden.
Nicht nur die Hände, auch die Beine und Füße rücken in den Blick des Kindes.

Die dingliche Welt erfassen und manipulieren

Das Kind beschäftigt sich weiterhin und intensiv mit seinem Körper (entdeckt Beine und Füße, lutscht an den eigenen Zehen).
Es interessiert sich für alle Gegenstände in seiner Reichweite und sammelt auf diese Weise vielfältige sensorische Eindrücke.
Das Farbsehen ist so entwickelt wie bei einem Erwachsenen.
Das Kind zeigt Interesse am eigenen Spiegelbild.
Es kann nun Gegenstände ergreifen, die sich (langsam) bewegen: Das Kind verfügt demnach über ein intuitives kognitives Wissen hinsichtlich **Bewegungsplanung** im Kontext mit dem Faktor Zeit.

Soziale Kognition

Das Kind „begrüßt“ (Bezugs-)Personen, indem es erwartungsvoll strampelt und zappelt.
Es weint, wenn die Bezugsperson weggeht, und hört auf zu weinen, wenn es wieder aufgenommen wird.
Es bekundet Freude durch lautes Lachen und Quietschen.

6. Lebensmonat

Entwicklung körperlicher Fähigkeiten

Das Kind greift über die Körpermitte hinaus. Damit hat sich auch im Gehirn ein wichtiger Reifungsschritt vollzogen, denn die Steuerung der Körperhälften erfolgt über Kreuz: Die linke Gehirnhälfte steuert die Bewegung der rechten Körperhälfte und umgekehrt. Jetzt funktioniert dies koordiniert.

> **MERKE**
> Das spätere Schreiben setzt ebenfalls ein Kreuzen über die Körpermitte voraus – hier liegen die Anfänge dafür.

Die dingliche Welt erfassen und manipulieren

Objektpermanenz bildet sich aus. Im 1. Lebenshalbjahr hat das Kind eine Vielzahl von Eindrücken verarbeitet: Das Kind weiß nun, dass Dinge nicht einfach verschwinden, sondern sie befinden sich irgendwo, auch wenn sie aus dem eigenen Blickfeld verschwunden sind.

Das Kind lässt sich nicht mehr problemlos mit einem anderen Spielzeug ablenken, sondern beginnt nach dem fehlenden Gegenstand zu suchen.

Der Sehsinn steuert die Bewegung und das Kind ist hochmotiviert, zu üben und zu begreifen. Folglich möchte es alles, was es erblickt, auch anfassen. Die angebotenen Spielzeuge und Alltagsgegenstände werden sehr gezielt mit den Händen (und mit dem Mund) untersucht.

Soziale Kognition

Das Kind reagiert nun auf seinen Namen.

Die emotionale Bindung an betreuende Bezugspersonen verstärkt sich.

7. Lebensmonat

Entwicklung körperlicher Fähigkeiten

Das Kind wird nun zunehmend mobiler. Es kann sich eigenaktiv zur Seite drehen und beginnt, ein größeres Erfahrungsfeld zu erobern. So erreicht es gezielt fallengelassene Spielzeuge.

Die dingliche Welt erfassen und manipulieren

Das Kind **bildet Kategorien:** Es unterscheidet verschiedene Objektarten – Menschen, Tiere, unbelebte Gegenstände.
Es verfügt jetzt über **erste Physikkenntnisse:** Dinge verschwinden nicht. Dinge schweben nicht.
Beispiel: Immer wieder lässt das Kind einen Löffel oder ein Spielzeug fallen.
Feste Dinge gehen nicht durch andere feste Dinge hindurch.
Beispiel: Das Spielzeugauto wird von der Wand gestoppt.
Dinge stehen in räumlicher Beziehung zueinander.
Beispiel: Etwas Großes kann nicht von etwas Kleinem vollständig verdeckt werden, der große Teddy verschwindet nicht hinter der kleineren Tasse.

Soziale Kognition

Das Kind beginnt zu **„fremdeln“**, d. h., es wendet sich von fremden Personen ab, zeigt Angst, Abwehr und ggf. Weinen.
Die vertrauten Bezugspersonen werden zum „sicheren Hafen“, zum Ausgangspunkt von Erkundungen und Rückzugsort bei Verunsicherung.
Es holt sich „soziale Rückversicherung“ – dies bedeutet, der emotionale Ausdruck seiner Bezugsperson gibt dem Kind Orientierung darüber, wie es auf die neue Sache/Situation reagieren soll.
Beispiel: Das Kind holt sich diese Information über Blickkontakt. Ein *ermutigender* Blick lässt es weitermachen, ein sorgenvoller Blick lässt es aufhören.

8. Lebensmonat

Entwicklung körperlicher Fähigkeiten

Rollen, Robben, Krabbeln gelingen. Das Kind beginnt, sich selbständig im Raum fortzubewegen. So kann es an Orte und Dinge im Raum kommen, die ihm bislang unerreichbar waren.

Die dingliche Welt erfassen und manipulieren

Das Kind verfügt über einen größeren Aktionsradius. Dadurch werden Alltagsgegenstände zu interessanten Lernobjekten, sind Regale/Schubladen nicht mehr sicher vor dem Kind.
Beispiel: Es räumt mit Freude Bücher aus dem Regal, zieht Wäsche aus Schränken und entdeckt das Kochgeschirr.
Das Kind entdeckt räumliche Dimensionen und **Raum-Lage-Beziehungen**.
Es erkennt eigene Handlungsmöglichkeiten: ‚Ich' erreiche das Spielzeug.

> **MERKE** Es ist sinnvoll, ungefährliche Gegenstände in die erreichbaren Fächer einzuräumen. Dies eröffnet dem Kind vielfältige Möglichkeiten zum Erkunden. Beispiele: alte Zeitschriften, Plastikschüsseln, Tücher, abgelegte Babykleidung.
>
> ⚠ Steckdosen, Kabel, herunterhängende Tischdecken, Kleinmöbel können jetzt zu einer Gefahr werden. Heiße Getränke können zu lebensgefährlichen Verbrennungen führen.

Soziale Kognition

Das Kind erlebt zum ersten Mal ein „Nein" und lernt, dass nicht alles erlaubt ist, was interessant erscheint.
Mit der Mobilität wird das Bindungsverhalten deutlicher sichtbar: Aus der sicheren Bindung heraus beginnt das Kind, die Umgebung zu erkunden, inkl. Rückversicherung über Blickkontakt.
Es kommt zur Bezugsperson zurück, wenn es Sicherheit braucht, bzw. beginnt zu weinen, um die Bezugsperson zu „alarmieren".
Es freut sich über ermutigende Worte und Blicke, die es in seinem Tun bestätigen, und beginnt, Verbote zu verstehen.

9. Lebensmonat

Entwicklung körperlicher Fähigkeiten

Das Kind beginnt zu sitzen. Es übt den **Pinzettengriff**.

Die dingliche Welt erfassen und manipulieren

Kleine und kleinste Dinge werden interessant.
Jetzt erfährt das Kind mit dem Wort „Nein" öfter **Grenzen** des Handelns (Blumenerde, Fussel o. a., die im Pinzettengriff wunderbar zu greifen sind, sollen nicht in den Mund!).
Das Kind **sucht aktiv nach versteckten Spielzeugen**, die z. B. unter einem Tuch „verschwinden". Es hat große Freude an diesem einfachen Spiel, weil es seine **Selbstwirksamkeit wahrnehmen** kann. Es beginnt, die Funktionen von Gegenständen zu begreifen und ahmt diese nach.

Soziale Kognition

Nachahmung des Tuns von Erwachsenen / größeren Kindern, z. B. „Telefonieren" oder „Kochen".

> **BEACHTE** In diesem Alter zeigt das Kind das Nachahmen von gesehenen Handlungen nur unter Benutzung *möglichst realer Gegenstände*. Telefoniert wird mit dem echten oder dem Baby-Telefon, aber noch nicht (!) mit dem Bauklotz.

Die Interaktion wird *triadisch* (vgl. Seite 24) = Kind und Bezugsperson richten ihre Aufmerksamkeit auf ein gemeinsames Objekt. Das Kind wird auch zum Initiator, indem es auf etwas zeigt und damit die Bezugsperson in die Interaktion holt.
Affektverstärkung/soziale Rückversicherung: Das Kind sucht in ungewohnten Situationen Blickkontakt zur Bezugsperson, um aus ihrer Mimik zu „lesen", wie es reagieren soll. Eine ermutigender Blick lässt es fortfahren, ein kritischer Blick führt zum Rückzug.
Das Kind setzt **kommunikative Gesten** ein sowie **versteht die Gestik und Mimik** von anderen und nutzt diese, um Aufmerksamkeit auszurichten.
Beispiel: Es imitiert Winken zum Abschied und setzt es eigenaktiv ein, wenn es meint, ein Abschied stünde an.

10. Lebensmonat

Entwicklung körperlicher Fähigkeiten

Das Kind erweitert seinen Aktionsradius, manches Kind beginnt, sich hochzuziehen und erobert eine weitere Dimension des Raums. Es kann frei sitzen und hat so beide Hände frei zum Spielen.

Die dingliche Welt erfassen und manipulieren

Das Kind beginnt, Namen und Bezeichnungen zu verstehen, indem es den Kopf zu dem benannten Gegenstand oder der Person dreht und darauf blickt.
Es kann einfache, beim Erwachsenen beobachtete Handlungen auch noch 24 Stunden später nachahmen.
Es mag Kniereiterspiele und erwartet mit Spannung den Abschluss eines Bewegungsgedichts.
Das Kind reagiert auf einfache Aufforderungen, z. B. Wo ist …? Gib mir …

> **MERKE** Kleine Reime und Schoßspiele sind jetzt interessant. Das Kind trainiert sein Arbeitsgedächtnis, indem es mit dem Wortlaut und den Bewegungen vertraut wird. Es lernt, Vorfreude und Spannung auszuhalten.

Soziale Kognition

Das Kind benennt seine Bezugspersonen mit Namen, z. B. „Mama" und „Papa".
Es zeigt Zuneigung zu vertrauten Personen und auch gegenüber „geliebten" Kuscheltieren, indem es sie umarmt o. Ä.
Es erkennt, worauf eine Bezugsperson emotional reagiert. So sammelt es mit seinem Tun Erfahrungen, indem es Lob und Bestätigung erhält, aber auch Gebote und Verbote erfährt.
Beispiel: Das Kind streichelt jemandem über die Haare bzw. zieht an dessen Haaren.

Gemeinsame Intentionalität (vgl. Seite 24): Das Kind beginnt, gemeinsame und unterschiedliche Absichten (Ziele) im Tun mit anderen zu erkennen. Diese Fähigkeit zur gemeinsamen Intentionalität setzt voraus, die Emotionen, Erfahrungen und Handlungen mit anderen teilen zu wollen.
Beispiele: Es blickt und zeigt auf etwas. Es fordert auf zur Wiederholung des gemeinsamen Tuns.

11. Lebensmonat

Entwicklung körperlicher Fähigkeiten

Verfeinerung der grob- und feinmotorischen Fähigkeiten.
Ggf. beginnendes Laufen.
Das Kind kann Seiten umblättern.
Sein sprachliches Interesse wird stärker.

Die dingliche Welt erfassen und manipulieren

Das Kind schaut Bilder(-bücher) an und zeigt mit dem Finger auf reale, aber auch abgebildete Gegenstände.
Es erkennt Abbildungen und reale Gegenstände und verbindet sie mit Namen.
Es ist hochinteressiert daran, „Vokabeln" zu lernen, möchte die Namen der von ihm fokussierten Dinge erfassen.
Es kennt den Unterschied von Abbildung und Realgegenstand.
Beispiel: Ball ist Ball! Auch im Bilderbuch – aber ergreifen will es nur den realen Ball.
Es beschäftigt sich weiterhin mit den Gegenständen des Alltags, die ihm zugänglich sind, und natürlich mit geeigneten Spielzeugen.
Es kann sich ausdauernd **allein beschäftigen**, braucht aber ein **sicheres Umfeld** und **ausreichende Beaufsichtigung**.
Es **profitiert sehr vom gemeinsamen Tun** mit Bezugspersonen oder Geschwistern.

> **BEACHTE**
> Hier gilt es, das jeweils angemessene Maß zu finden: Zu viel „Bespaßung" verhindert eigenes Entdecken und Selbstbeschäftigung. Zu viel „sich selbst überlassen" verhindert den Erwerb von „Weltwissen".
> **Beides muss genügend Platz haben!** Dazu passen die folgenden Sprichworte:
>
> *Alles, was wir einem Kind zeigen, kann es nicht mehr selbst entdecken!*
>
> *Lernen heißt, ein Feuer zu entfachen, und nicht, ein Fass zu füllen!*
>
> Demnach sollte eine Begleitung so gestaltet sein, dass eine Bezugsperson feinfühlig abwägt, wann Abwarten und wann Begleitung/Unterstützung angemessen sind.

Soziale Kognition

Das Kind tritt in Dialoge ein, es zeigt auf Dinge und lässt diese durch die Bezugsperson benennen.
Es beginnt, sich mitzuteilen im Gebrauch von einfachen Silben und Silbendopplungen.
Es beginnt, Wörter nachzuahmen, die ihm vorgesprochen werden, und entwickelt erste eigene Wortkreationen.
Beispiel: Hund = Wauwau; eine eigene Silbe für Essen/Trinken kreieren.
Das Kind baut Kontakt und Vertrauen zu verschiedenen Bezugspersonen auf, wenn es regelmäßige Kontaktmöglichkeiten hat. Daher ist schon jetzt eine Eingewöhnung in einer Krippe möglich, sofern das Kind eine sichere Bindung zu einer Bezugserzieherin aufbauen kann.

12. Lebensmonat

Entwicklung körperlicher Fähigkeiten

Die ersten Schritte: Mit dem Laufenlernen erweitert sich der Aktionsradius des Kindes.
Es gelangt nun drinnen und draußen nahezu überall hin.
Es beginnt, erste Worte zu sprechen.

Die dingliche Welt erfassen und manipulieren

Mit dem Laufen eröffnen sich ganz neue Horizonte: Sowohl die Schalter und Knöpfe der Stereoanlage als auch die von Herd und zahllose andere Alltagsgegenstände können jetzt eigenaktiv erreicht und ausprobiert werden.
Zudem **ahmt** das Kind verstärkt die **Handlungen** von Erwachsenen/Geschwistern **nach**.
Beispiel: Ob „Kochen“ (= im Topf rühren) oder „Reparieren“ (= Werkzeuge benutzen) – alles wird imitiert!

> **TIPP**
> Eine Kinderküche, kindgerechte Werkzeuge, ein Rutschfahrzeug zum „Autofahren“ oder große Kartons (als eigenes Häuschen) werden jetzt zu interessanten Spielgegenständen.

Das Kind kann nun eine Vielzahl von Gegenständen identifizieren, die durch die Bezugsperson sprachlich benannt werden.
Beispiel: Wo ist der Ball? Zeig mal … Hol …
Das Kind benennt immer mehr Gegenstände (zunächst ggf. noch in einer Babysprache wie „Wauwau“, „Brumm“).
Es bringt sich zunehmend aktiv in die Kommunikation ein.

Soziale Kognition

Dialog und Kontakt zu einer zunehmenden Zahl an vertrauten Personen sind jetzt neue **Entwicklungsaufgaben**. Das geht ggf. einher mit der Eingewöhnung in eine Krippengruppe/in die Tagespflegestelle.
Im gemeinsamen Tun **(Joint Attention)** entwickeln sich nicht nur soziale Kompetenzen, sondern auch das Wissen über die dingliche Umwelt.
Zwar beschäftigt sich das Kind auch allein mit Materialien, aber erst im sozialen Austausch **bekommt es Worte für sein Handeln**.

Es entwickeln sich **Denkstrukturen**, die sowohl die Handlung selbst „denkbar machen", als auch die emotionale Seite beleuchten: „Ruft mein Tun Wohlwollen oder Ablehnung hervor?"
Beispiel: Das Kind klettert auf das Sofa. Der Erwachsene formuliert das Tun und die emotionale Einordnung in Worten, „Bist du allein aufs Sofa geklettert? Ja, prima, so groß bist du schon!"
Oder „Vorsicht; du fällst runter und tust dir weh."
Ergebnis: Das Kind lernt Begriffe für Gegenstände und Tätigkeiten (Sofa – klettern – fallen – …) und Emotionen (Lob/Freude übers Tun bzw. Warnung/Angst vor Unfall).

[2. Lebensjahr I] 13. bis 15. Monat

Entwicklung körperlicher Fähigkeiten

Die grundlegenden motorischen Fähigkeiten sind nun entwickelt und werden zukünftig weiter verfeinert – daher werden sie ab hier im Buch nicht mehr extra aufgeführt.

Die dingliche Welt erfassen und manipulieren

Versteckspiele mit Dingen und Personen durchführen.
Das Kind lernt durch **Versuch und Irrtum**, z. B. findet es bei einfachen Versteckspielen zunehmend sicher das richtige Versteck.
Anfänglich ordnet es die Teile der Formen-Box nur versuchend ein. Später kann es die Formen sicher zuordnen.

Das Kind lernt weiterhin viel durch **Nachahmung**, es kopiert Tätigkeiten und Verhalten, es beginnt, bei Bewegungsliedern mitzumachen.

Für die kognitive Weiterentwicklung ist es wichtig:

- **Kategorien zu unterscheiden:** Dinge nach grundlegenden Merkmalen unterscheiden.
- **Skripte entwickelt** zu haben: Handlungen sind verinnerlicht und werden ggf. modifiziert.
- **Regeln zu erkennen und anzuwenden** und ggf. auch umkehren zu können (Handlungsabläufe anpassen).
- Die eigene Aufmerksamkeit mehr und mehr lenken zu können: **Fokus** ausrichten, **Ausdauer** haben.
- Im Austausch mit anderen Personen **Begriffe** für das eigene Handeln und Erleben zu **erwerben.** Nur so kann „Erlebtes" auch in Worte gefasst werden.

Soziale Kognition

Gemeinsame Intentionalität (hier Stufe 3), vgl. dazu Seite 24 und 35.
Das Kind beginnt nun, auch **kollaborierend** zu handeln: Es hat einen Plan, den es aktiv verfolgt und versucht, die Bezugsperson dafür zu gewinnen.
Beispiel: Anders als bei der **triadischen Interaktion,** wo ein gemeinsames Ziel im Mittelpunkt steht (z. B. **Wir** spielen mit dem **Ball**), ist das Kind hier **aktiv** dabei, eine **gemeinsame Intention anzubahnen.** Es möchte den anderen für eine gemeinsame Sache gewinnen (z. B. Spielst **du** wieder **mit mir** Ball?).

Es erfährt aber auch, dass Pläne nicht in Einklang zu bringen sind, z. B. wenn das Kind eine Gefahr nicht überblickt oder wenn die Zeit fehlt.
Dabei lernt das Kind, dass Menschen verschiedene Intentionen verfolgen können.

[2. Lebensjahr II] 16. bis 18. Monat

Die dingliche Welt erfassen und manipulieren

Das Kind entwickelt das **Symbolspiel:** Es kann einfache Bauklötze zum Auto oder Flugzeug „umfunktionieren" bzw. dieselben Klötze als Kuchen oder Personen ins Spiel einbringen.
Es lernt Handlungen zu verstehen, in denen man **„so tut als ob"**, beispielsweise muss das o. g. Klötzchen nicht mehr unbedingt real „angebissen" werden, wenn man Essen spielt.
Es hat einen **aktiven Wortschatz** von etwa 20 Wörtern, aber es versteht sehr viel mehr (= passiver Wortschatz).

Es erkundet die umgebende Welt und ist drinnen und draußen auf „Entdecker-Tour".
Dabei hat es gern eine **vertraute Person in seiner Nähe**. Diese Begleitung lässt einen weitläufigen Aktionsradius zu und hilft dem Kind, die Welt zu „verstehen", wenn die Bezugsperson das gemeinsame Erleben **sprachlich begleitet**.
Das Kind spielt mit Einlege-Puzzles, auch hier findet zunächst Lernen durch Versuch und Irrtum statt.
Es weiß, wo Dinge des Alltags hingehören.
Beispiel: Die Schuhe werden ins Regal geräumt oder geholt.
Es nutzt sein Wissen, um eigene Wünsche an zu zeigen.
Beispiel: Das Kind bringt die Schuhe, weil es gerne nach draußen gehen möchte.

Soziale Kognition

Das Kind versucht, eine vertraute Person dazu aufzufordern, mitzukommen (z. B. durch Zeigen oder Hand anfassen)
(= gemeinsame Intentionalität 3. Stufe: Kollaborieren, vgl. Seite 24).
Es sucht Trost und Schutz, am liebsten bei den vertrautesten Bezugspersonen.
Die weitere Familie und Freunde der Familie werden bei entsprechend regelmäßigen Kontaktmöglichkeiten auch zu vertrauten Personen.
Aufbau von neuen Beziehungen durch den Besuch einer Krippe/einer Tagespflegestelle.

Im Kontakt mit gleichaltrigen Kindern entwickelt sich ein **Parallelspiel:**
Die Kinder spielen nebeneinander mit dem gleichen Material; der Kontakt besteht aus freundlichem Begrüßen, einander Beobachten oder (bei Interessenkonflikten) aus Ablehnung/Rückzug/Weinen.

[2. Lebensjahr III und IV] 19. bis 24. Monat

Die Welt erfassen

Das **ICH-Bewusstsein** entwickelt sich, das Kind erkennt SICH als ICH im Spiegelbild und beginnt von sich selbst als „ich" zu reden.

Die **sprachliche Entwicklung** zeigt explosionsartige Zuwächse, der Wortschatz umfasst zunächst ca. 50 Wörter, um dann sehr schnell rapide weiter zu wachsen.

Zwei-Wort-Sätze werden gebildet.

Das Kind erfasst in Bilderbüchern einfache Szenen und Geschichten aus dem Alltag, es erkennt, was jemand auf der Abbildung tut.

Es ahmt Alltagshandlungen nach und versucht, die entsprechenden Gegenstände zu benutzen: Rasen mähen, Gras rechen, Staub saugen u. a.

Es hat ein gutes feinmotorisches Geschick entwickelt.

Beispiel: Perlen auf einen weichen Draht auffädeln.

Es sammelt **sinnliche Erfahrungen** im Umgang mit unterschiedlichsten Materialien.

Beispiel: Sand, Knete, Farbe, Badeschaum, Creme

Das Kind malt **Kritzelbilder**. Damit beginnt es, Kulturtechniken anzuwenden.

Es kann selbstständig mit dem Löffel essen.

Soziale Kognition

Das **ICH-Bewusstsein** hat sich entwickelt und die „Trotzphase“ beginnt. Besser ist hier die Bezeichnung **„Autonomiealter“**, denn das Kind erkennt sich als eigenständige und aktiv handelnde Person und möchte nun sehr bewusst „selbst handeln“.
Dabei stehen ihm jedoch immer wieder eigene oder fremde Beschränkungen im Weg.
Beispiel: Das Schuhanziehen scheitert an den kindlichen motorischen Möglichkeiten oder dem Zeitdruck der Bezugsperson → es entsteht Frust, der sich durch Schreien/Verweigerung zeigt.
Das Kind beginnt, **mit anderen Kindern** zusammen zu spielen.
Das Kind wird unabhängiger von den Bezugspersonen.

> **MERKE**
> Das Vertrauen in die sichere Bindung zu primären Bezugspersonen ermöglicht dem Kind erst die zunehmende Unabhängigkeit, um auch mit fremden/wenig vertrauten Personen in Kontakt treten zu wollen.

3. Lebensjahr

Die kognitive Entwicklung wird beeinflusst vom umgebenden Angebot. Schon der Alltag beinhaltet eine Vielzahl von Anregungen zum Lernen. Kinder sind neugierig, wissbegierig und interessieren sich für viele Themenbereiche. Folgende *Kategorisierung in Bildungsbereiche* (angelehnt an die Bildungspläne der Länder) soll die Fülle der Möglichkeiten übersichtlich darstellen.

Die Welt erfassen

Sprache
Das Kind erweitert seine verbalen und kommunikativen Fähigkeiten, es bildet einfache, korrekte Aussagesätze, erzählt und fragt nach. Beginn des 2. Fragealters: „Warum"-Fragen.
Bücher eröffnen neue, fremde Welten.
Frühe Mathematik
Das Kind ordnet und bildet Reihen mit ähnlichen Spielzeugen.
Beispiel: Eine Autoschlange aufstellen, Türme bauen, einfache Puzzles zusammenzufügen.
Naturwissenschaft
Das Kind kennt einige Farben.
Es entdeckt die Jahreszeiten, Wetter, das Wachstum von Pflanzen.
Es interessiert sich für mechanisches Spielzeug, für Schalter/Geräte.
Kultur
Das Kind sammelt Erfahrungen im **musikalischen Bereich** (Musik hören bzw. singen, klatschen).
Es erprobt Kreativität und macht **sinnliche Erfahrungen** (beim Malen mit Fingerfarben, dicken Pinseln, Wachsmalstiften, beim Kneten, Bauen im Sand).
Es lernt **religiöse Feste** und Rituale kennen (Weihnachten u.a.).

> **TIPP** Einfache Bewegungslieder als Rituale sind jetzt ideal, z.B. „Alle Leut', alle Leut' gehen jetzt nach Haus".

Körper und Bewegung

Das Kind erlebt den eigenen Körper in vielfältigen Bewegungssituationen und „Bewegungswelten" (Kinderfahrzeuge, Bordsteinkante, Spielplatz, Möbel, Natur u. a.).
Es setzt gezielt Hilfsmittel ein (zieht z. B. einen Hocker heran, um hochzusteigen).

Lebenspraxis

Hygiene, Ernährung, Einkauf: Das Kind kennt Hygienegebote (z. B. Händewaschen vor dem Essen).
Es interessiert sich für die Nahrungszubereitung und will dabei helfen.
Es lernt den Einkauf als Weg der Versorgung kennen – alternativ Gärtnern, Brot backen u. a.

Soziale Kognition

Neben Familie kommen Gruppenerfahrungen durch Kita, Spielgruppen, Kinderturnen dazu.
Das Kind entwickelt Freundschaften zu anderen Kindern. Es erlebt somit in Gruppen viele Formen des sozialen Miteinanders. Dabei nimmt es verschiedene, aktive oder passive Rollen ein und erfährt:

- Interessengleichheit – Interessenskonflikte
- demokratisches Entscheiden – autoritäres Durchsetzen
- Streit/Versöhnung – friedliches Miteinander
- an der Reihe sein – abwarten (u. a.)

> **BEACHTE** Nicht alles muss in gleichem Maß und zur gleichen Zeit bei einem Kind in diesem Alter sichtbar werden.

> **MERKE** Mit 3 Jahren besuchen die meisten Kinder eine Kindertageseinrichtung. Kitas haben, neben Betreuung und Erziehung, auch eine Verpflichtung zur Bildung. Alle Bundesländer verfügen über **Bildungspläne**, in denen Bildungsziele festgeschrieben sind. Die Bildungspläne bieten für Fachkräfte/Eltern eine gute Orientierung zu ganzheitlichen Förderung der kindlichen Entwicklung.

4. Lebensjahr

Die Welt erfassen

Sprache
Höhepunkt Fragealter: Wo/Was/Wann/Womit/Warum? Das Kind bildet Sätze mit 5–6 Worten. Es hat ein Zeitverständnis von Vergangenheit, Gegenwart, Zukunft, wendet Zeitformen jedoch noch nicht sicher an.

Frühe Mathematik
Das Kind zählt noch rein verbal, d.h., es sagt die Zahlenreihenfolge wie ein Gedicht auf.
Der Alltag bietet vielfältige mathematische Angebote.
Beispiel: an jeden Platz einen Teller, farbliche Reihenfolgen und Muster bilden

Naturwissenschaft
Es kann Farben sicher zuordnen und benennen. Es interessiert sich für diverse naturwissenschaftliche Phänomene.

Kultur
Das Kind kann mit formbaren Material Gegenstände herstellen.
Es beginnt, mit Stift und Papier etwas darzustellen, dabei kommt es noch nicht auf erkennbare Zeichnungen an, sondern auf die Intention, die in der Kinderzeichnung steckt.

Körper und Bewegung
Das Kind experimentiert mit dem Gleichgewicht und erprobt neue Herausforderungen (Balancieren, Klettern, Schaukeln, Einbeinstand, Roller/Laufrad fahren), dabei lernt das Kind allerhand über sich selbst und entwickelt gesunde Selbsteinschätzung und **Selbstkompetenz**.

> **MERKE** Eine angemessene Körperwahrnehmung ist wichtig für das Selbstvertrauen. Vermeidet das Kind Anforderungen? Überschätzt es sich? Die **sensorische Integration** (= eine Situation wahrnehmen und adäquat handeln) beeinflusst das Zutrauen in die eigenen Fähigkeiten: Ich kann … Das schaff ich doch nie … Immer geht mir was schief …

Lebenspraxis

Toilettengang gelingt, die meisten Kinder können nun ihre Ausscheidungen kontrollieren, d.h., sie haben ein **Bewusstsein für körpereigene Vorgänge** entwickelt, benötigen jedoch noch Hilfe. Kleine Pannen sind möglich.

Soziale Kognition

Das **Rollenspiel** gewinnt an Bedeutung, das Kind probiert sich in verschiedenen Rollen aus.
Im gemeinsamen Spiel werden **Szenen aus dem Alltagserleben** nachgespielt und Rollen variiert.
Das Kind schlüpft in **Fantasiewelten** und wird Prinzessin, Piratin uvm.
Es unterscheidet zwischen Realität und Spiel und bleibt beim Rollenspiel in der Rolle.

Selbststeuerung

Kinder lernen, ihr Verhalten zu kontrollieren:
Sie beginnen mit anderen zu kooperieren, fangen an zu akzeptieren, wenn der eigene Wunsch nicht nicht erfüllt werden kann, und nehmen Alternativen an bzw. bringen diese selbst ein.
Dies zeigt sich auch im **sozialen Zusammenleben**, wo „Trotzanfälle" weniger werden und kooperierendes Verhalten besser gelingt. ⚠ Kinder brauchen viel Zeit und viele Erfahrungsmöglichkeiten, um diese sogenannten exekutiven Funktionen zu entwickeln.

Exekutive Funktionen

Arbeitsgedächtnis: Wird benötigt, um Dinge zu erinnern und um planen und handeln zu können.
Kognitive Flexibilität: Wird gebraucht, um auf veränderte Situationen zu reagieren und andere Perspektiven/verschiedene Blickwinkel einnehmen zu können.
Inhibition: Ermöglicht, einen spontanen Handlungsimpuls zu unterdrücken.

> **MERKE** Gut ausgeprägte exekutive Funktionen haben Bedeutung für den persönlichen Schul- und Lebenserfolg. Dieser Prozess steht im engen Zusammenhang mit der Hirnreifung und dauert viele Jahre: Mit ca. 12 Jahren gelingt die Inhibition wie beim Erwachsenen. Mit ca. 14, 15 Jahren hat die kognitive Flexibilität das Niveau eines Erwachsenen. Bis ins junge Erwachsenenalter entwickelt sich das Arbeitsgedächtnis weiter.

5. Lebensjahr

Die Welt erfassen

Sprache

Das Kind teilt sich in längeren, zusammenhängenden Äußerungen mit.
Es erzählt und gebraucht unterschiedliche Zeitformen.
Es versteht dreiteilige Anweisungen.

Frühe Mathematik

Kinder erkennen beim Zählen eine **stabile Ordnung** und wenden sie an.

Beispiel: 1-2-(4)-3 = Nein! ☹ 1-2-3-4- … = So ist es richtig! ☺

Sie zählen zunächst noch **asynchron** = Dinge werden übersehen oder übersprungen, aber die Zahlenreihenfolge wird eingehalten. Später zählen sie dann synchron = jedes Ding bekommt ein Zahlwort.

Naturwissenschaft

Weitere Phänomen werden wahrgenommen, das Kind beginnt zu verstehen, dass Dinge aus verschiedenen Perspektiven auch verschieden aussehen (können).
Chance zur Weiterentwicklung des schlussfolgernden Denkens: Mit **„Sustained Shared Thinking"** kann das Kind angeregt werden, tiefer über die beobachteten Phänomene nachzudenken.

> **TIPP** **Sustained Shared Thinking** (kognitiv anregende Interaktion) beinhaltet u.a. die folgende Gesprächstechnik (vgl. S. 23):
>
> *Kinderfragen vertiefen:*
> 1. Kinderfrage würdigen: Gute Frage/Das habe ich mich auch schon gefragt!
> 2. Eigene Vermutung aufstellen: Also, ich könnte mir vorstellen … / Ich denke …
> 3. Frage zurückgeben: Und was denkst/meinst du?
>
> *Dialoge initiieren:*
> Nach Ursachen, Gründen, Motiven forschen: Was denkst du, warum ...? Spekulieren, wie es wäre, wenn es anders wäre: Was wäre, wenn … ? / Stell dir mal vor …

Kultur
Malen, Zeichnen und kreatives Gestalten gewinnen an Bedeutung, ebenso Werken und viele andere Tätigkeiten, die einem Kind in seinem persönlichem Umfeld begegnen (z. B. Interesse für Kochen, Backen, Reparieren, Gärtnern).

Körper und Bewegung
Das Kind versucht, einfache Werkzeuge sachgerecht zu benutzen.
Beispiel: Säge, Hammer, Schnitzmesser mit abgerundeter Spitze (⚠ Achtung: Wer schnitzt, der sitzt!)

Lebenspraxis
Mithilfe bei der Nahrungszubereitung und anderen Arbeiten des täglichen Lebens fördern die kognitive Entwicklung (z. B. Wäsche legen, Socken sortieren).

Soziale Kognition

Die Formen des sozialen Zusammenlebens verfeinern sich. Das Kind entwickelt zunehmend ein Verständnis für andere Blickwinkel **(Perspektivenübernahme)**; zunächst in einfacher Form als **visuelle Perspektivenübernahme**, allmählich auch für **gedanklich andere Blickwinkel**.
Es kann **Emotionen** nicht nur ausleben, sondern auch aussprechen. Es hat Worte und Erklärungen für verschiedene eigene Gefühlszustände und formuliert/zeigt Empathie und Einfühlungsvermögen für andere, z. B. *Die Lina hat mich geärgert. Sie hat immer wieder … gesagt. Das macht mich wütend.*
Oder: *Der Max ist neu in unserer Gruppe. Er hat geweint. Ich hab gefragt, ob er mit mir spielen will.*

6. Lebensjahr

Die Welt erfassen

Sprache

Die Sprachentwicklung ist im Wesentlichen abgeschlossen.
Das Kind beherrscht die Grammatik nahezu korrekt und wendet sie meist richtig an.
Es kann den Inhalt einer Geschichte zusammenhängend wiedergeben.
Es erkennt Buchstaben (als Lesebasis) und die Buchstaben seines Namens.

Frühe Mathematik

Das **Kardinalsystem** der Mathematik wird erkannt: Das Ende des Zählens gibt die Anzahl der Objekte an.

Naturwissenschaft

Phänomene wahrnehmen, entdecken und weiter erforschen.
Tipp: Sustained Shared Thinking (S. 58)

Kultur

Das Kind zeichnet gegenständlich.
Es zeigt Interesse an den verschiedensten Gestaltungsmaterialien, möchte Dinge herstellen.
Ee erkennt schriftsprachliche Zeichen und beginnt, Schriftsprache nachzuahmen.
Beispiel: Den eigenen Namen schreiben.

Körper und Bewegung

Das Kind kann Schnürsenkel binden.
Es kann mit der Schere schneiden und verfügt über eine angemessene Stifthaltung.
Es beherrscht das Fahrradfahren, das sehr komplexe Anforderungen an die Koordination von Körper und Sinneswahrnehmungen stellt.

Lebenspraxis

Das Kind sucht und findet Lösungen für Alltagsanforderungen aufgrund von früheren Erfahrungen.

Soziale Kognition

Das Kind kann sich **gedanklich in die Lage des anderen hineinversetzen**.
Dies heißt zum einen *mitfühlen*.
Beispiel: Das Kind erkennt, „da weint jemand", das tut ihm leid (= Empathie).
Dies heißt zum anderen auch, die Gedanken des anderen *denken und verstehen* zu können:
Beispiel: „Er weint, weil er nicht mitspielen darf."
Das kann heißen, den anderen ggf. zu unterstützen.
Beispiel: „Ich helfe ihm, einen Platz im Spiel zu bekommen." „Ich biete mich als Spielpartner an."
Das kann auch heißen, ihn gezielt zu ärgern.
Beispiel: „Ich schließe ihn bewusst aus – ‚Du darfst hier nicht mitspielen! Du gehörst nicht dazu.'"

> **MERKE** Mit **„Theory of Mind"** (ToM) wird beschrieben, dass es um mehr geht als Empathie – nämlich darum, sich in die Lage eines anderen hineinzuversetzen und dann gezielt zu unterstützen, aber auch zu schädigen.
> Die Voraussetzungen dazu sind im Menschen angelegt, doch es braucht viele soziale und kognitive Erfahrungen, um diese Fähigkeit zu entwickeln.
> UND: Es braucht positive Vorbilder, um sie in positiver Weise zu nutzen.

Damit entwickelt sich auch eine weitere Fähigkeit, nämlich die des **bewussten Lügens und Täuschens**. Bis zum Ende des Kindergartenalters erwerben Kinder die **Schwindelkompetenz**.
Sie beinhaltet eine gezielte Auswahl dessen, wer wie getäuscht werden soll. Anfangs ist das ein spannendes Spiel und das Kind freut sich daran, wenn ihm ein anderer (scheinbar) auf den Leim gegangen ist. Beispiel: Das Kind „schenkt" dem Opa eine leere Bonbonverpackung.
Später kann das Kind dieselbe Fähigkeit auch gebrauchen, um sich herauszureden.
Beispiel: Es behauptet, der Spielkamerad habe alles allein aufgegessen/kaputt gemacht, obwohl es selbst zumindest beteiligt war.

7. Lebensjahr

Die Welt erfassen

Sprache
Der Wortschatz entwickelt sich beständig weiter, der Satzbau wird aufwändiger.
Das Kind kann mehrteilige (z. B. 3-teilige) Aufträge verstehen und ausführen (wichtig für das Aufgabenverständnis in der Schule).

Frühe Mathematik
Abkürzendes Zählen, Würfelpunkte werden auf einen Blick erkannt  = 6.
Weiterzählen gelingt: … 3, 4, 5 (resultatives Zählen).
Zweier-Schritte gelingen: 2-4-6-8- …

Naturwissenschaft
Selbst Experimente durchführen, gemeinsam forschen.

Kultur
Das Kind erlernt das Schreiben und Lesen.
Es lernt ggf. ein Musikinstrument oder beginnt mit Handarbeiten, Handwerken, Gärtnern o. a.

Körper und Bewegung
Es kann seinen Schulweg allein gehen und kennt Regeln/Gefahren als Fußgänger im Straßenverkehr.
Es übt eine Sportart aus, die eine spezielle Geschicklichkeit entstehen lässt.
Beispiel: Ballgefühl beim Fußball, Körperbeherrschung beim Rollschuhfahren, Turnen.

Lebenspraxis
Körperpflege: Das Kind beherrscht die Grundzüge der Körperpflege weitestgehend selbständig.
Beispiel: Duschen/Baden/kleine Wäsche, Toilettengang inkl. Händewaschen, Haare kämmen, Zähne putzen.
Ernährung: Es kann beim Essen die einfache Grundversorgung selbst ausführen.
Beispiel: Getränk eingießen, Brötchen aufschneiden, belegen, Teller füllen, mit Messer und Gabel sicher umgehen.

Gesundheit: Es weiß, dass man sich nicht nur von süßen Sachen ernähren darf, kennt gesunde und ungesunde Lebensmittel (bevorzugt oft dennoch die Süßigkeiten).
Es weiß, z. B. wie es sich vor Kälte schützen kann ➔ Jacke (setzt dies aber nicht immer zuverlässig um).

Soziale Kognition

Gruppenfähigkeit: Mit dem Eintritt in die Schule wird es wichtig, dass das Kind sich **als Teil seiner Klasse wahrnimmt** und auf die allgemeinen Aufforderungen an die Gruppe reagiert.

Beispiel: Einer an die Klasse gerichtete Aufforderung wie „Bitte Ruhe!" / „Bitte seid leise!" sollte jedes Kind ohne individuelle Ansprache einfach Folge leisten können.

Selbstvertrauen: Das Kind sollte Vertrauen in die eigenen Fähigkeiten haben und Wissen sowie Ideen für Unterricht und Pausengestaltung äußern.

Konfliktfähigkeit: Das Kind kann mit Konflikten umgehen und ggf. auch konstruktiv zur Lösung beitragen.

Frustrationstoleranz: Das Kind kann akzeptieren, dass es nicht immer dran genommen wird, es kann abwarten. Es stellt ggf. fest, dass andere Kinder Dinge leichter lernen als es selbst. Es akzeptiert unterschiedliche Fähigkeiten.

Motivation: Interesse an den Lerngegenständen kann nachhaltig durch interessiertes Teilhaben/ Nachfragen gefördert werden, z. B. indem eine subjektive Bedeutsamkeit hergestellt wird: „Wo ist ein Alltagsbezug?", und nicht vorrangig durch in Aussicht gestellte sachfremde Belohnungen.

Literatur

Katrin Hille, Petra Evanschitzky, Agnes Bauer: Das Kind – Die Entwicklung in den ersten drei Jahren. Verlag Handwerk und Technik, Hamburg 2016

Katrin Hille, Petra Evanschitzky, Agnes Bauer: Das Kind – Die Entwicklung zwischen drei und sechs Jahren. Verlag Handwerk und Technik, Hamburg 2013

Hartmut Kasten (Hrsg.): Entwicklungspsychologie. Verlag Europa, Haan-Gruiten 2014

Ernst J. Kiphard: Wie weit ist ein Kind entwickelt? Verlag Modernes Lernen, Dortmund 2014

Marianne Berger, Lasse Berger: Der Baum der Erkenntnis. Dt. Ausgabe erhältlich unter: www.baumdererkenntnis.de/

Olaf Görisch: KurzCHECK Sprachliche Entwicklung von Kindern. Verlag Handwerk und Technik, Hamburg 2017

Anja Mock-Eibeck: KurzCHECK Motorische Entwicklung von Kindern. Verlag Handwerk und Technik, Hamburg 2014

Hessisches Ministerium für Soziales: Bildung von Anfang an, Bildungs- und Erziehungsplan für Kinder von 0–10 in Hessen. Wiesbaden 2012

Ministerium für Kultus, Jugend und Sport Baden-Württemberg (Hrsg.): Orientierungsplan für Bildung und Erziehung in baden-würtembergischen Kindergärten und weiteren Kindertageseinrichtungen. Herder, Freiburg 2016

Geo Wissen: Kindheit und Erziehung, die ersten 10 Jahre. Heft 04/06, Nr. 37

Janna Phanke, Anna Spindler: Ich weiß jetzt, wie wir das machen können! In: Kindergarten heute 3/2016

Walter Ellermann (Hrsg.): Methodik der Bildungsarbeit in Kindertagesstätten. Kinder in der Praxis anregen, unterstützen und fördern. Verlag Handwerk und Technik, Hamburg 2017

Internetquellen

Elmar Drieschner/ WiFF: Bindung und kognitive Entwicklung – ein Zusammenspiel. WiFF Expertise Nr. 13. Seite 16. URL: www.weiterbildungsinitiative.de/publikationen/details/data/bindung-und-kognitive-entwicklung-ein-zusammenspiel/ (Abruf 13.08.2017)

Frauke Hildebrandt: Zeit für Dialoge im Kita-Alltag. Präsentation, FH-Potsdam, 2014.
URL: www.liga-brandenburg.de/Zeit-fuer-Dialoge-mit-Kindern-im-Kita-Alltag-846603.pdf (Abruf 01.05.2017)

Geschichte der Entwicklungspsychologie.
URL: www.psychologie.hu-berlin.de (Abruf 20.03.2017)

Alexander Miro: Überblick über die Entwicklungspsychologie. URL: www.alexander-miro.de, www.alexander-miro.de/Publikationen/Ueberblick_ueber_die_Entwicklungspsychologie/ (Abruf 20.03.2017)

Tipps zur Förderung

Empfehlenswerte Förderansätze für alle Lernanlässe im Alltag des Kindes:

Sustained Shared Thinking. Eine sehr gute und einfache Methode, um Dialoge mit Kindern besser zu gestalten.

Tools of the Mind/Exekutive Funktionen. Ein Programm aus Amerika, es ermöglicht im Kita-Alltag, die Selbststeuerung von Kindern zu entwickeln.

Der Forschungskreis aus „Haus der kleinen Forscher". Ein Weiterbildungsangebot, um Naturwissenschaften in die Ktas zu bringen. Das Schaubild „Forschungkreis" bietet sehr gute Anregung, um entdeckendes Lernen zu optimieren.

Buch: Methodik der Bildungsarbeit in Kindertagesstätten (Hrsg. Ellermann); Methoden zum Anstoßen kindlicher Lernprozesse